叢書・ウニベルシタス　1141

アンファンタン

七つの顔を持つ預言者

ジャン＝ピエール・アレム
小杉隆芳 訳

法政大学出版局

Jean-Pierre Alem
Enfantin, le Prophète aux Sept Visages
J. J. Pauvert, 1963

図1（左図）　この版画には，そのいずれも共通する土台の上に立つ，社会の進歩を目的とする三つの教理の代表者が集められている。

カルノーとシュヴァリエの改宗の後を受けて，サン＝シモン主義者がテンプル騎士団と関係したとは思えない。

シャテル大修道院長は1830年代，リベラルで民主主義的色彩の強いフランスカトリック教会を創設した。彼は1831年テンプル騎士団と同盟を結んだが，それは非常に厳格な目的のもとによるものだった。それは協会の尊師であるファブレ・パラプラから教区長に聖別されること，なぜならパラプラ自身聖ドミニコ協会の司教職に任ぜられた身であったから。次いで彼は同年テンプル騎士団と関係を断ち，彼のもたらした打撃で教会は解散し，1848年以降になるとすっかり姿を消し，そしてシャテル院長は食料品店の生涯を終えた。

シャテル院長はサン＝シモン主義者と何の関わりもなかった。私が見つけたその唯一の痕跡は，1832年4月2日付のシャテル院長からアンファンタンに宛てた一通の手紙である。そのなかで院長は『地球』において果たした「至高父」の大きな役割に感謝の言葉を述べ，そしてフランスカトリック教会の紀要が出るとすぐに，「至高父」の捧げてくれた尽力に尽きせぬ感謝の言葉を述べている。同時にまた，シャテルが女性の解放の説教を試みたのは，女性サン＝シモン主義者であるニボワイエ宅であったことにも留意しておかなければならない。(注64)

アンファンタンは1832年にメニルモンタン隠棲時に作成した教会服を着用している。

シャテル院長の手に嘲弄的に置かれたラテン語文法は，彼がフランス語でミサを行なう行為を暗示しているのに間違いないだろう。

図2　プロスペル・アンファンタンの肖像画

図3　サント・ペラジー獄でのコンサート（上）
サン＝シモン主義者宅での舞踏会（下）

図4　メニルモンタン。フェリシアン・ダヴィドによる宗教歌「唱道者」

図5　サン=タマン・バザールの肖像画

図6　至高父アンファンタンのメニルモンタンへの入居

図 7-1　信徒たちへの仕事開始への呼びかけをする女サン＝シモン主義者

図 7-2　アイロン掛けする男性サン＝シモン主義者

図 7-3　鍛造工の女サン＝シモン主義者

使徒たちの能力に応じた職務，と題された役割分担図の抜粋（図 7-1〜9）

図7-4　下着を縫う男性サン゠シモン主義者

図7-5　サン゠シモン主義者（男・女）の食事風景

図7-6　掃除をする男性サン゠シモン主義者

図 7-7　医学を勉強する女サン゠シモン主義者

図 7-8　ポトフの灰汁をすくう男性サン゠シモン主義者

図 7-9　法学博士の資格を得た女サン゠シモン主義者

図 8　食料品生産キャンペーンにつけたラベル（上）
サン＝シモン主義者の集まり（下）

図9　アグラエ・サン゠ティレールの肖像画

図 10　教父アンファンタンの肖像画

図 11　好色雑誌『ラ・シャルジュ』に載った絵,「自由な女……ようやく見つかったよ！」

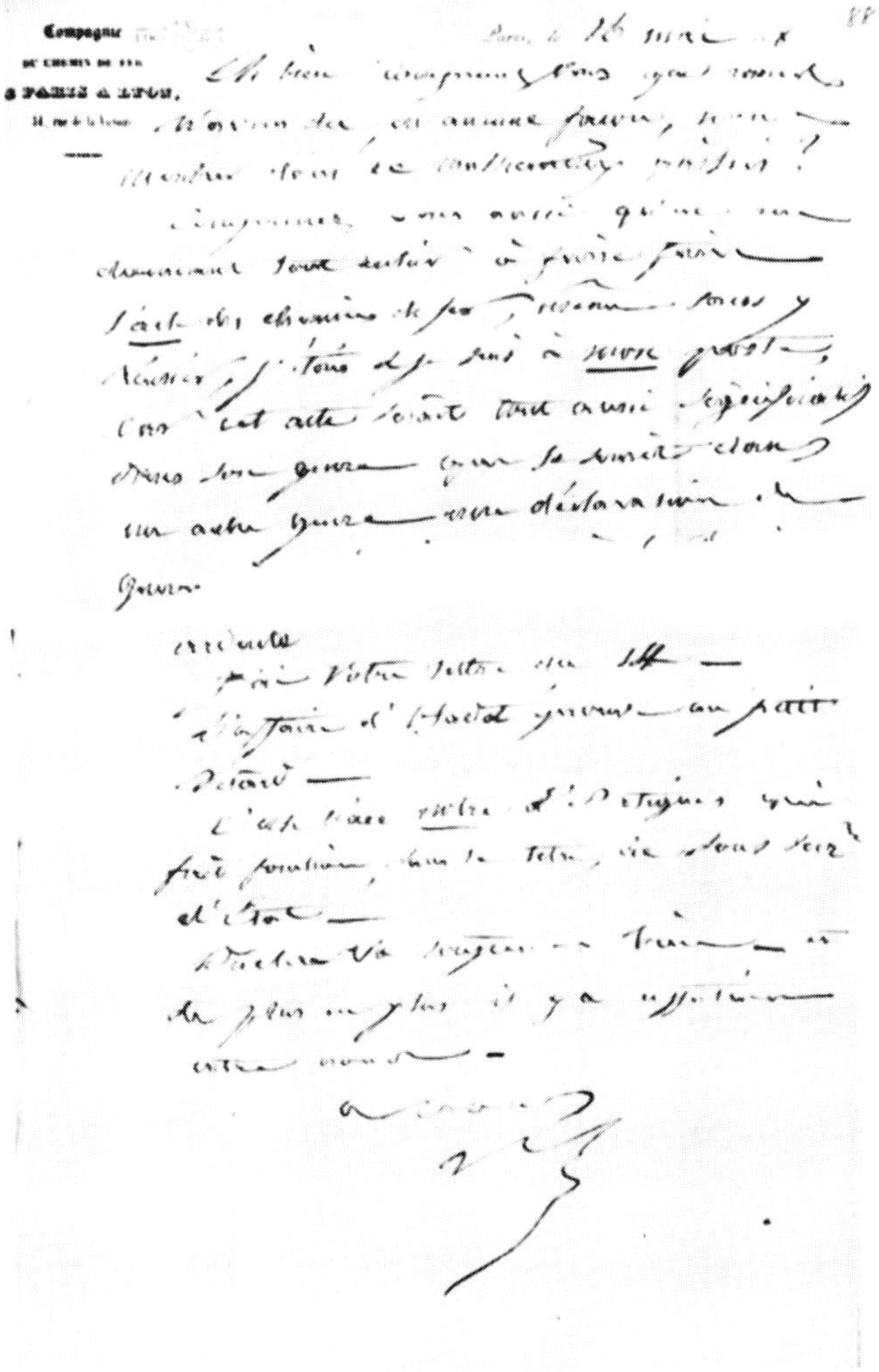

図 12　教父アンファンタンの手紙の複写

アンファンタン——七つの顔を持つ預言者　目次

アンファンタン——七つの顔を持つ預言者

凡例

一　原注は章ごとにまとめた。

二　訳注は語の直後に、亀甲括弧〔　〕で示した。

三　原書にはない「人名索引」を作成し、巻末に置いた。

プロローグ

熱にうかれた興奮や激しい憎悪の念を呼び起こす人、あるいはまた名声を博し、スキャンダルを引き起こす人、さらに弟子たちの追従を体験し、審判者の厳しい目に晒され、こうして、その大きな名声も、その唐突な忘却の理由もはっきりわからないまま、突如舞台から消え去ってしまう人がいる。

アンファンタンこそまさしくそうした人だった。彼の名声はフランス全土に及んでいた。それは我が国の国境さえ超え出るほどだったが、その名声も彼と共に消え去ってしまった。何人かの伝記作家がその人物像に研究を捧げたが、そのほとんどは特殊な専門家であったり博識家だったりして、読者も非常に限られていた。ところで、歴史の断片といってもいいようなこの人間が、その火のように燃える言説と熱烈な著作によって「至高父」という名を冠せられ、四万人もの弟子の心を捉えて離さなかったという事実を思い出せる人が今もいるだろうか。

歴史をほんのちょっとかすめただけともいえるこうした人間の生涯と業績を研究しようとすれば、その短命な一生にいろいろな理由が見つけられるかもしれない。あるものはメッセージと呼べるようなものを何も残さなかった。彼らの名声は宣伝や偶然から生まれたものにすぎなかった。また、理解不可能なメッセージを残したものもいた。エジプトの知者たち、ナイル河に沿って寺院から寺院へと、そこに書き付けられた石版書の解読を始めようとしていた知者たちがそうだった。最後に、あっという間に風化したかにみえるかもしれないが、実際は、個人あるいは全体の意識の内奥に染み込み、思考の深化に貢献したメッセージを残したものもいた。

アンファンタンはこの三つのカテゴリーのどれに属しているだろうか。

今日まで出版されたこの哲学者の伝記を読んだ人なら必ずこう答えるだろう。最初のカテゴリーだと。彼の生涯を類まれな冒険にしているもの、それは実際、成功ではなくて、異様《バロック》さである。来歴を読むと、そこに、凡庸さ、かけひき、快楽、良識、才知などに次々と出くわすだろう。だが、天与の才とか熱烈な信仰とかには絶対に出くわすことはない。我々の社会の進化・発展に貢献した哲学、サン＝シモン主義の受託者である彼は、実に奇妙な、しかし非常に慎ましやかな表現でこれを豊かにし、そして、その特異な教理は狭い共同体の境界を超え出ることは決してなかった。要するに、彼の説教を包んでいた、ときとして滑稽な演出は、哲学者の学問というよりはむしろ、大道芸人の芸に似ていた。

しかしながら、アンファンタンの主要な弟子たちの知的資質を考察し、そのうちから選ばれたサン＝

シモン主義の技術者たちの成果を思い起こしてみると、誰しもすぐに疑念を抱くかもしれない。アンファンタンの生涯と取り組んできた年代記作家の大多数が、「サン゠シモン教」の最初の説教で始まり、メニルモンタンの修道院での奇妙な冒険に続き、そして、重罪院での告訴でフィナーレをかざる一八二九年から一八三二年の時期だけにとどめていることに気づくと、この疑念はとりわけ深まる。確かに、それはアンファンタンの生涯でも一番生き生きし、また最もスキャンダラスな時期であり、まさしく、この時期こそ、疑いなく物語るのに最も楽しい時期である。しかし、それは一人の人物のわずか三年間、三三歳から三六歳までのほんの一時期にすぎない。ところが、アンファンタンは六八歳まで生き、その間熱のこもった活動の展開を一時たりとも止めることはなかったのである。したがって、一人の生涯のうちで、誰もが大きな好奇心を抱くが、必ずしも実り豊かといえない短い時期の考察に基づいた判断は、再検討すべきだろう。

今日までしばしば闇に置かれてきた一人の人間の生涯と業績の明るい部分の時代を照らし出し、読者に、アンファンタンがシニックな享楽家であったのか、偏狭な演説家だったのか、それともヴィクトル・ユゴーが書くように、「普遍的生の見者」だったのか、そして歴史のなかにその人物の逸話的な一節の思い出や、彼がそこに穿ったかもしれぬ溝の痕跡を探すべきかどうかを決めてもらうこと、それこそ本書執筆に際し私が自身に課した目的である。

第1章　元理工科学校生　プロスペル・アンファンタン

バルテレミー＝プロスペル・アンファンタンは、ブレーズ・アンファンタンとシモーヌ・オーギュスチーヌ・ムートンとの間に、一七九六年二月八日パリで生まれた。父の家族はドーフィネの出身で、そこではかなりの名声を博していた。アンファンタン家、サン＝シル・ニューグ家、レ・ボン家の仲間には、司法官や幾たりかの将軍や裕福な商人がいた。パリのアンファンタン家は、出身地の田舎と固い絆を保っていた。バルテレミー＝プロスペルが商人の道を始めたのはヴァランスであり、また彼の身の上でも一番陰鬱な時期に隠居生活を送っていたのはドローム県のとある寒村である。

マドモアゼル・ムートンもまた、とても裕福な家の出だった。彼女はパリのメニルモンタンの丘にある地所を相続したが、それがこの物語の枠組みのひとつになるだろう。

アンファンタンは、両親の結婚前に生まれた。また彼は、この夫婦の最初の子供ではなかった。もう一人の男の子、オーギュストが前年に生まれていた。執政政府時代のパリに生じた風俗の弛緩を考慮に入れても、この非合法な出生は非常に厳しい非難を呼んだと考えられる。したがって、バルテレミー゠プロスペル・アンファンタンの生涯はスキャンダラスな雰囲気に包まれて始まり、それが死ぬまでくっきりと彼の生涯を印づけることになる。

アンファンタンが生まれたとき、両親はしっかりしたゆとりある生活を送っていた。しかし、南仏に小さな銀行を設立していた父親は、不幸な投機に身をゆだね、資産を失い、破産までも宣告されてしまった。このため彼はパリに居を移し、そこで大学の会計課主任という慎ましい職に甘んじざるをえなくなってしまった。

この社会的地位失墜はアンファンタンの両親の関係を非常に悪化させたが、それがおそらく数年後に生ずる二人の奇妙な行動を説明してくれることになる。かつまた、そのことが二人を別居へと導いていった。ブレーズ・アンファンタンはフォーブール・ポワソニエール通りの彼のアパートに残ったのに、ムートン夫人の側は、数年後息子によって有名になる館に移り住んでしまった。

ルピートル学院で初等教育を終えた後、バルテレミー゠プロスペルは、一八〇八年ヴェルサイユのリセで、次いで特殊数学科のクラスで学んでいたパリのリセ・ナポレオンで奨学金を得ていた。当時、奨学金はごく少数のものにしか支給されておらず、したがって、アンファンタンは優秀な生徒で、厳格なリベールが書くように「凡庸な知力をがむしゃらな勉強で埋め合わせていた才能なき生徒[1]」などではなかったと考えるべきだろう。リベールが「恥ずべき人間」アンファンタンを忌み嫌っていたのは確かである。彼はその敵の学業成績についておそらく何の情報も得てはいなかったのであり、だから彼の発言はまったく悪意に満ちたものといっていいだろう。

いずれにせよ、青年アンファンタンは生まれながらの血筋という点を除いて、まだ後の全生涯を特徴づけるあの反順応主義《アンチコンフォルミスム》はいささかも示していなかった。実際、リセ・ナポレオンの校長は、彼の卒業時に、「操行すこぶる良にして、かつ学校の管理に献身した」という修了書を彼に与えたくらいだから。

このリセ・ナポレオンでは、アンファンタンの数学教師ディネには、中背で、きらきら輝く眼をし、表情豊かな顔つきからユダヤ人の血筋とはっきりわかる青年が担任としてついていた。彼の名はオランド・ロドリーグといい、ボルドーに住むポルトガル人金融業者の息子だった。彼は教職を志していたものの、出自ゆえにエコール・ノルマル入学が果たせなかったため、再度父祖の職に方向転換し、銀行家になった。

後に述べるオランド・ロドリーグとの出会いは、アンファンタンの生涯に決定的な影響を与えた二つの大きな出来事の最初のものだった。二番目はエコール・ポリテクニク（理工科学校）入学だった。一八一二年、アンファンタンは入学試験を受けた。その年の試験には失敗したが、翌年二二七名の同期入学者のうち一六五番という成績で入学を認められた。自由主義思想に心を捉えられ、さらにエコール内へのさまざまな秘密組織（とくにカルボナリ党——一九世紀前半イタリアに始まりフランスにも広がった革命的秘密結社）進出の結果、すでに政治的技術を身につけた若者たちのなかから、数年後、アンファンタンが司令部の主要メンバーを集めたのはこのポリテクニクであった。そのうえ、ポリテクニク気質がアンファンタンに非常に深い影響を与えたので、エコールを卒業して四八年後の六五歳のときに、彼は仲間のリシャールに次のような手紙を書き送っている。

「我々が同じ母親から生まれた子供であり、あのいとしい乳母の乳を長きにわたって吸っていたこと、そして、一緒に喜んであのポリテクニクの仲間言葉に立ち戻っているのはよくおわかりでしょう」

当時エコール・ポリテクニクの学費は無償ではなかった。共和歴八年フリュクティドール一一日の政令により、学生は年八〇〇フランの寮費を支払わなくてはならなかった。それゆえ、ちょうど息子がモンターニュ・サント・ジュヌヴィエーヴという名の寮費免除を手にする前、その日暮らしのアンファンタンの父親は、彼に奨学金申請の文章を以下のように書き取らせていた。

「アンファンタンは陛下に通称エコールへの寮費支払いの免除をお認め下さるようお願いしたく思います。この特別なお計らいに預かろうとする資格としては、……軍隊や行政府において陛下にお仕えし、そして今もなお仕えている近親者の数にあります。庇護者アルビュフェラ公のおそばでアラゴン軍にいる二〇歳の兄アンファンタン、ボン師団長の叔父、そしてエジプトで戦死した従兄弟の陸軍大佐ニューグ、このニューグ大佐の兄で、旅団長のサン゠シル・ニューグ男爵、皇帝陛下が昨年四〇〇〇リーヴルの歳費で男爵に任命した上述のボン師団長の息子、グルノーブル裁判所の裁判長である叔父のアンファンタン氏……。上記の人びとに対する皇帝陛下の心遣いに全幅の信頼を置いたアンフアンタンは、愚息が陛下の最も真摯で献身的な臣下の一人たることを事実によって証することのできる日を待ちつつ、彼の願いが期待通り、絶えず祈願している陛下の御目に止まるならば、エコール・ポリテクニクの宿泊料免除が叶えられるであろうと確信しております」

数ヶ月後、ナポレオン軍の潰走が始まった。エコール・ポリテクニクの講義は中断し、生徒たちは砲兵大隊を編成した。一八一四年三月三〇日、首都には三つの敵軍がいた。ポリテクニシアンたちはヴァンセンヌ街道上のトローヌの城門での二八砲兵分隊の軍務につこうと考えていた。彼らはコサック騎兵中隊の攻撃を受けたが、勇敢に防戦し、陣地を確保し、討ち負かされた敵軍の馬にまたがり胸甲騎兵の反撃に参加した。

外国軍のパリ入場に続く敗走のなかで、大多数のポリテクニシアンは自分の家庭に戻っていった。けれども、七六人は、トローヌの城門の交戦後、フォンテーヌブローに徒歩で向かい、そこで皇帝軍の残党と合流すべしとの命令に従った。アンファンタンはそのひとりだった。戦闘でも遺憾なく勇敢ぶりを発揮した彼は、さらに、困難な状況のなかでも、その規律遵守への分別と上官への忠誠振りを示した。それに反し、彼の両親はまったく恥知らずな振る舞いをしてばかりいた。

エコール・ポリテクニクは四月から再びその門を開けていた。学校は帝立から王立へと変わっていたが、重要な部分は何一つ変わっていなかった。暫定的にその指導者の役を引き受けていたグルニエ大佐は、最初の日から、アンファンタンの母ムートン夫人から以下のような手紙を受け取った。

「かくも卑劣な主人の下劣な奴隷よ、私の息子を返してくれ。暴君よりさらに狂暴なおまえは、おまえの護衛に当たるために一身を捧げた子供らを敵の砲火に委ねることで、彼の狂暴さを凌駕したのだ。……彼らはどこにいるの。おまえの責任で答えておくれ。母親はみなおまえを目の敵にしており、もし私の息子がすぐにでも姿をみせなかったら、おまえの命を奪うことくらい私一人いれば十分だ！」

それから数週間後、今度はアンファンタンの父親が怒りを爆発させた。息子の奨学金が拒絶されたうえに、寮費支払いの請求を受けたからである。

彼がどんな言葉でグルニエ大佐に問いかけたかは、以下の通りである。

「いったい何が問題なのですか。忌まわしい記憶に満ちた憎むべき政権は、父や母から子供らすべてを奪っていったのです。高貴な生まれの人たちに残っていた唯一の方策は、軍の将校になることでした。……だから、彼らは意に反し、エコール・ポリテクニクのような学校に入れざるをえなかったのです。……さて大佐殿、間違えたのはどちらでしょうか。……哀れな息子らは、非道にも、大砲と一緒にヴァンセンヌに送られてしまったのです。それは彼らを殺戮場に追いやることでした。……そして我々の同意もなく、息子らを意のままにしていたこの同じ指揮官たちは、現在、彼らが最初に決めた条件の実施を求めている。……それ以上に、強迫しているのだ！　幸い暴君の時代は過ぎ去りました。この同じ指揮官たちは、その後、ルイ一八世の温情溢れる政治を通して、世間が誠実な人間に語りかけるのはこんなやり方ではないこと、とりわけ前政権の手形や国債によって破産し、その暴政によって多大な苦しみを嘗めた人たちにこそ敬意が払われてしかるべきであり、あえて言うなら、私以上にその権利のある人間はほかに誰もいないことを学び取るでしょう」

この手紙は「陛下の最も真摯にして献身的な臣下の一人」に対する、陛下の厚情を嘆願する奨学金請願書と同じ大学の頭書付公用箋に同一筆跡で書かれていた。

このように侮辱的な言葉にほとほとうんざりしたグルニエ大佐は、とうとう警察所長に訴え出ることにしたが、所長は以下のように回答した。

「私はアンファンタン氏を召還し、今後二度とこうした訴えをしないように叱責してやりましょう」

実際、この発言があった後、アンファンタンの父親は口をつぐんでしまった。とはいえ、息子の寮費が払えぬことに変わりなかった。そこで、息子は国王が持っている警護侍従部に入ろうと試みた。アンファンタンは将官たちから以下のような操行良の証明書を得ていたからである。

「親衛隊入隊の証明書を求めるアンファンタン氏に関するノート。操行優。たゆまぬ勤勉ぶり」

だが青年は破産者の息子という理由で国王警護侍従部入隊を拒絶されてしまった。もはや彼には退学届けを出すしか道はなかった。一八一四年七月三一日、彼の父はエコールの司令官に前回とはまったく異なる文体の手紙を送った。

「司令官殿、今後のポストについてですが、息子プロスペル・アンファンタンは私の手元におこうと決めました。したがって、彼はもうエコールには行かないだろうと御知らせしたいと存じます。敬具」

このようにしてエコールでのわずか一年の生活の後、アンファンタンの生涯のうちで短いけれど重要なこのエピソードは終わりを告げる。ここまで、私の物語は息子より両親のほうに——なぜなら、彼らの慎みにかけた手紙が残されていたから――より多く割いてきた。しかし、同時期に遡る、息子のささやかな未発表の作品も見つけ出すことができた。(2) それは彼がエコール・ポリテクニクで書いた国語の小論文である。以下そのささやかな抜粋である。

「人は幸せに暮らしたいと願うが、何が人生の幸福となりうるかを見つけ出そうとすると、当惑してしまう。いつも幸せであることはそれほど容易なことではないので、至福を激しく追い求めようとする人は、道を間違えると、いっそうそこから遠ざかってしまう……何よりまず、我々の欲望の対象が何であるかをはっきり知らなくてはならない。次いで、どんな道を辿り、いかに早くそこに到達できるかを検討すること……次いで賢明な案内人をともなってこの道に身を投じること……ほかの旅については、話は別だ！」

私はこの宿題から、アンファンタンの仕事の一部にみられる享楽的な物質万能主義《マテリアリスム》の兆しを暴くつもりはない。原稿の片隅に書かれた記述――一一時（作文は一〇時四五分から正午にかけて行なわれた）に提出――が証明しているように、それはこの青年が一五分足らずで片づけてしまった長たらしい文体の出来の悪い小論文にすぎないものである。このようにアンファンタンは、作文の時間が大部分自習室での心地よい無為安逸か、それともビリヤード遊びに費やそうとする理工科学校生徒のしきたりに追随しただけであった。

第2章　アンファンタンとサン＝シモンの邂逅

アンファンタンは一八歳だった。勉学途中でエコール・ポリテクニクを中途退学したため、安定した就職口はどこにも見出せなかった。アンファンタン家には、ロマンスで大葡萄酒商を営む従兄弟のルイ・サン＝シル・ニューグがいた。美青年でがっちりした体格をし、少しものおじしない青年プロスペルは、卓越した仲買人になるために必要な資質はすべて備えていた。従兄弟のニューグが彼を雇ったのはまさにこの資質があったからである。

彼の初舞台は慎ましいものだった。「瓶を洗ったり、樽を移し変えたりする」見習い仕事を習い覚えなくてはならなかった。さらに旅にも出された。商人のなすべき仕事は実に広範囲にわたっていた。アンファンタンは外国の顧客拡大の任も負わされていた。ドイツ、オランダ、スイスを走破し、ロシアにまで足を延ばすこともあった。

彼が、サンクトペテルブルクに居を構えるフランス人銀行家マルタン・ダンドレと出会ったのはこの街〔ペテルブルク〕であった。アンファンタンは彼の心をすっかり捕えた結果、その住居でいくつか重要な職務を果たしてくれるようにと申し込まれるまでになった。青年は一八二一年から二三年までの二年間にわたりこの職務に従事した。

彼はツァーリの首都で、最初の鉄道建設のためロシアに派遣されてきたポリテクニシアンの小グループと再会した。そこにはロークール、ラメ、バゼーヌ、クラペイロンらがいた。アンファンタンは哲学、生理学、社会学などさまざまな議論の交わされていた彼らのサークルに参加した。彼が経済学やジャン＝バティスト・セーの学説の初歩を初めて学んだのはこのサークルである。同様にまた、彼がその思い出を伝える最初の恋愛体験を経験したのもこの街である。アンファンタンの恋の相手は既婚者だった。この話の続きからもわかるように、二人の関係に窮屈な思いなどなかったにもかかわらず、数年後、彼の軽挙妄動を咎めるある友人(1)に書き送った手紙のなかで、彼は懸命にこの関係の正当化を図ろうとしている。

「君の言うように、僕には十分な肉体的魅力があったから、もし僕が女たらしなら、パリのありとあらゆる可愛い女性と一夜をともにすることもできただろう。ところがどうだろう！　たった一人の女性(2)と、〔娼婦〕ジョゼフィーヌ(3)と寝ただけなのだ。数多くの旅のなかで、僕はありとあらゆる夫婦関係を混乱状態に引きずりこむこともできたかもしれない。ところがどうだろう！　サンクトペテルブルクではただ一度きりの恋愛しか経験しなかったのだ。その後二年間滞在したというのに、その間、神のおかげで、僕のそばにはいつも魅力的な女性がいてくれたのである」

こうして、神の取りなしによるのかもしれないが、二年後この色恋沙汰は無事解決できた。アンファンタンははっきりした理由のないまま、パリに戻っていった。パリには数日滞在したが、そこに落着くことはなかった。うつろいやすい生涯のそれぞれにみられるように、彼は幼年時代の一時期を過ごした田舎の地に陰遁したいという欲求に囚われたのである。

そこで彼は、両親が一軒家を所有し、また彼もとても大きな家族的な愛着を抱いていたドローム県のクルソンのとある村に足を向けた。

彼の人生で、大きな役割を演じたとはいわないまでも、少なくとも重要な位置を占める女性を知ったのはこの村である。モルラーヌ夫人、旧姓アデール・リフェは二九歳の年若い女性で、一人娘を別として、ビタ一文も遺してくれずに死んでいった老守銭奴の未亡人で、亡くなった後も、この守銭奴の死に何の悲しみも抱いていなかった女性であった。アンファンタンの母はこの女性をいたく愛し、彼女を従兄弟のサン＝シル・ニューグ将軍と結婚させたいと目論んでいた。しかし、息子の帰宅によってこの婚姻の計画はすっかり狂ってしまった。アンファンタンは好男子でまた女性に対して積極的だった。彼はアデールとほぼ同じ歳、正確にいえば二歳年下で、毎日彼女と会う機会があった。退屈で死にそうな生活をクルソンで送っていたこの年若い未亡人はすぐさま、人生経験豊かで、また遠方の地で数々の恋愛体験を積んできたこの素敵な青年にすっかりまいってしまった。こうして彼女は彼の愛人になったのである。

とはいえ、アンファンタンは新たな恋愛に時間のすべてを注いだわけではなかった。実際、ジャーナリストおよび経済学者としての彼の職業活動の初舞台はこの時期に遡るからである。彼の最初の著作はリヨンのアカデミーが公募した経済学上の問題に対する解答であった。二作目はベンサムの業績に関する論文だった。

こうしていても、アンファンタンはクルソンでの休息をいつまでも引き延ばそうとはしなかった。数週間後、ようやく彼はパリに戻っていった。だからといって、彼はアデール・モルラーヌと別れたりしなかった。当時の二人の恋愛関係は情熱的だった。この女性が彼の後を追いかけパリまでやってきて、サン・マンデの小さな家に身を落ち着けようとしたくらいだったから。

アンファンタンは自らの天職を経済学者になることだと感じていた。ちょうどそのとき、政府にいくつかの財政上の重大な問題が生じていた。彼は財務大臣ド・ヴィレールにひとつの解決策を提示した。大臣はその提案になど耳を貸さなかったが、これを知った銀行家ラフィットはアンファンタンを事務所に呼び寄せ、彼と長時間にわたって話し合った。この会見は重要な結果をもたらすことになった。銀行家は後に、アンファンタンの社会的企てを終始支援し、またはるか後の鉄道会社創設時には、この二人は一緒に重要な問題に対処するからである。

しかし、翌年、アンファンタンにとってこれよりはるかに重要なある出来事が生じた。パリで、当時抵当銀行の支店長職に就いており、とりわけ哲学者サン＝シモンの最後の弟子の一人で、おそらくその琴線に触れる最も親しい弟子でもあった、リセ・ナポレオンの担任だったオランド・ロドリーグと再会したからである。

ロドリーグがサン＝シモンの名を知ったのはわずか一年前で、二人の最初の出会いは、サン＝シモンが自殺を試みるほんの少し前の一八二三年だった。彼はすぐさま師の教えに熱烈に付き従うようになった。そして一八二四年『実証哲学体系』出版後、オーギュスト・コントが師と袂を分かつや、コントに取って代わって師の側近の位置を占めた。

ロドリーグがアンファンタンと出会ったのはちょうどこのときである。彼はアンファンタンと二言三言言葉を交わしただけで、すぐにかつての生徒の沸き立つような知性に魅了され、できる限り早く師サン＝シモンのもとに彼を連れていこうと決めた。

この会見の機会は、哲学者が仕上げたばかりの書物で、また彼の最後の書となる『新キリスト教』の読書会で訪れた。この読書会はほんの内輪で行なわれた。そこにはわずか七名が参加しただけである。ロドリーグとアンファンタンのほかに、レオン・アレヴィ、アメリカ総領事マルタン、ジュール・アゼヴェド、弁護士デュヴェリエ、バイイである。この読書会に参加はしたものの、アンファンタンは非常に面食らってしまった。

後に彼はこう告白している。

「私は形式に非常なショックを受けたため、内容の大半を理解することができなかった。それこそ、社会がこうした書物を理解できないときに現われる書物すべての運命である」

しかし、友人ロドリーグのたっての願いで、彼は経験をさらに先へ進めようと決心し、『産業者の教理問答』の予約を申し込んだ。

わずか数日で、彼は哲学者の構想すべてを理解し、これに熱烈な賛意を表した。

＊＊＊

サン゠シモンの教理の目的は、国家を産業の必要性に適合させて社会を変えることにあった。実際、サン゠シモンにとって、「有用な物質の生産こそ合理的で現実的なただ一つの目的だった」。したがって、政治とは生産の科学にほかならなかった。再編された社会では、世俗的権力は「産業家」〔あらゆる生産者〕に、精神的な権力は「インテリゲンチャ」に属していなければならなかった。仕事と富は、「各人にはその能力に応じて、能力にはその仕事に応じて」という公式、所有についてはまだであるが、しかしすでに相続は厳しく糾弾される公式に従って配分されなくてはならなかった。

感受性の鋭い情熱あふれる人間だったサン゠シモンは、死の間際、自身の物質万能主義の冷たさを感じ取っていた。彼の主要な弟子たちに認められる宗教への哀惜の情は彼の心をしっかりと捕えて離さなかった。

宗教はこの世から消えてなくなることはないだろう、と彼は死の床で述べた。

しかし、キリスト教はいくつかの点で彼の教理と相容れないようにみえたから、これをつくり直そうという仕事に取りかかった。彼が『新キリスト教』を構想し、執筆したのはそのときである。

その宗教的錯乱を別とすれば、サン＝シモンの教理が新しい寛容な思想の萌芽を含んでいたことは間違いない。それはかなり世の評判になり始めていた。その反響を増やそうと考え、哲学者は雑誌『生産者』を世に出そうと決めた。何人かの弟子、オランド・ロドリーグ、医師バイイ、デュヴェリエらの助力を仰ぎ、この企画に融資するため、必要な資金を集めようとしていた。しかし、彼がこの計画の実現を目にすることはなかった。研究や波乱に富んだ人生の数々の冒険に体力を消耗し、加えて物質的窮乏と、自殺を試みたときに受けた精神的な病いを負った彼は、肺充血に耐えられず、一八二五年五月一九日に死んだからである。

＊＊＊

哲学者の葬儀から戻ると、弟子たちは抵当銀行の事務所にあるオランド・ロドリーグ宅で会合を持った。その会合で、彼らは努力をひとつに結集し、師の最後の計画で、彼が最も大切にし、そして最晩年に至るまで弟子たちに持たせ続けた計画である「雑誌」の発刊を成功させようと決めた。

この発刊を金銭的に援助するために、資本金五万フランの株式合資会社の規約が念入りに作り上げられた。この会社には、二人の取締役が任命された。サン＝シモンの古くからの弟子アレヴィ、バイイ、デュヴェリエらは真っ先にオランド・ロドリーグを選んだ。その席は当然彼が受けてしかるべきものだった。しかし次に選ばれたのは、彼らのうちでもいちばん最後に参画したアンファンタンであった。

こうして彼がサン゠シモン主義を知った六ヶ月後に——会社の設立は一八二五年七月一日に始まる——この運動の指導者の一人となった。取りかかったプロパガンダの活動に熱烈に身を投じたとき、彼はすでに亡き師の後継者になる可能性を予感していたにちがいない。

第3章　サン＝シモン主義者アンファンタン

実際、どの点を取り上げても、アンファンタンに新しい教理を理解させ、自己の能力の最良の部分を保つようにと促すものばかりであった。ルイ一八世治政下のこの最後の数年は、政治の面では、非常に動揺の激しい時期であった。秘密結社が生まれ、陰謀が企てられ、さまざまな教理が伝播し、それらが七月革命運動の到来を予告していた。カルボナリ党とサン＝シモン主義が体制崩壊を最も効果的に促す組織だった。年若く、野心家で、策略家のアンファンタンがこうした運動に参加せずにいられるはずはなかった。たまたま運命のいたずらで、サン＝シモン教理の継承者の傍らに身を置くことになったといえるだろう。この面でいえば、他のいかなる精神的・社会的原理も彼の心を捕えてくれなかっただけに、サン＝シモン教理は全面的に彼の賛意をもたらしたのだともいえる。

アンファンタンは家族にも社会にも負うべきものは何もなかった！　彼は互いに反目する両親――

その手紙からはっきりするように、一方は卑劣漢で、他方は狂的人間のように思われる——の手で育てられたのだった。経済的困窮のため父は、彼のこよなく愛するあのエコール・ポリテクニクをわずか一年で退学させざるをえず、こうしてグラン・ゼコール入学と長期にわたる勉学期間の恩恵のすべてを失ってしまったのである。そして、彼が侍中部に入りたいと思ったとき、破産者の息子ということを理由にその入会も妨げられたこともあった。

こうした試練を受けても、両親への愛情は損なわれなかった。母宛ての愛情溢れる手紙も残っているし、また父が年老いたときには、行き届いた介護でその身を優しく包んでやったりもした。しかし、彼を支えてくれなかった親族、さらに彼を締め出した社会への擁護の感情は少しもなかった。当時一八歳という年齢で、荷物も何も持たず、心構えもできていない生活にほうり込まれたこの人間が、相続の廃止や、「各人にはその能力に応じて、能力にはその仕事に応じて」というサン＝シモン主義の公式に恐れを感じる理由などどこを探してもなかった。

この有名な公式、それこそ「産業、科学、芸術の哲学誌[1]」である『生産者』の標語に使われたものである。それは次のような勇気溢れるエピグラフがついていた。

「盲目的な伝統が今日まで過去に追いやってきた黄金時代が我々の前にあるのだ」と。

一八二五年一〇月初旬に出たこの雑誌の資金援助には、オランド・ロドリーグのほかに、ジャック・ラフィット、テルノー、アルドゥアンなどの銀行家や、ヴォルムス・ド・ロミリ、アレヴィ、デュヴェリエ、ルーアン、バイイなど古参のすべての弟子たちが協力した。

編集部には七人の主要な執筆者、アンファンタン、ロドリーグ、バザール、アルスナル図書館館長のローラン、後に一八四八年の憲法制定議会の議長になるビュシェ、ルーアンおよび主筆セルクレーと、さらにまたオーギュスト・コント、当時の最も著名な論客アルマン・カレル、レオン・アレヴィ、アドルフ・ブランキなど傑出した専任あるいは臨時の記者たちがいた。

サン゠タマン・バザールは当時三四歳の革命家だった。単にリベラルな政体を称賛していたというだけでなく、密かにその実現に取り組んでいたからこそ革命家だったといえる。一八一四年には、彼はレジョン・ドヌール勲章を受けた英雄的行動も成し遂げている。次いでイタリアに発ち、ナポリでカルボナリ党の秘儀を伝授された。フランスにこの秘密結社を導入し、カルボナリの上部組織の議長になった人物こそ彼だった。彼はベルフォールの自由主義者による陰謀を組織した一人で、この陰謀の失敗後、身を追われ投獄された。その後陰謀家としての活動の否定的感情から、建設的な学説を展開しているサン゠シモン主義者に救いを求めたのだった。『生産者』が世に出ようとしているちょうどそのとき、彼はサン゠シモン主義者のもとにやってきたのである。彼は殉教者としての威光とはいわないまでも、少なくとも陰謀家としての名声を享受していた。こうして、彼に即座に指導者グループでの地位が与えられた。

発刊以来アンファンタンはこの雑誌の編集で最も主要な役割を果たしていた。疲れを知らぬ働き手の彼は、教儀の解説に数学的才の援助をもたらし、また、サン゠シモン主義者が過去の考察から、人類の物質的、知的、道徳的活動の結合《アソシエ》によって地球開発を図る未来の法則を取り出せると主張していただけにいっそう貴重な援助をもたらしていた。

「すべての人文科学を支配している一般的現象とは何か。社会的利益を目的としたあらゆる産業的労働の連合、すなわち結合《アソシエ》である。したがって、産業の哲学とは、共通の目的に向かって個々人の努力のこうした結合を司る法則の追及を目的としなければならない[2]」

教儀の基底には「古びたコメディの表象」である現実社会の拒否があった。労働者と有閑人、所有するものと所有せざるものとの分割が厳しく告発された。

一八二六年の経済危機はこの雑誌に、教儀の社会主義的性格を強調するように仕向けることになった。相続に続いて利益が断罪されたが、その刊行が銀行家たちの融資によって実現されことを考えると、とても奇妙なものだった。もしこの廃止が求められたとしても、それはもっぱら長い時間を想定していたことは確かである。アンファンタンは書いている。

「確かに我々は、怠惰な人びとがもはや過去の労働——すなわち資本であって利益ではない——によって取得された生産物しか消費できないような時代からはまだ遠く隔たっている」

とはいっても、『生産者』の表明した新しい革命的な構想はさほど評判にはならなかった。予約購読者の数は一〇〇〇人にも達せず、そのため一年一ヶ月足らずで雑誌の発起人たちは出版の断念を決めた。方法の変更が検討され、こうしてアンファンタンの人生にとってもサン゠シモン主義の歴史においても新しい時代、すなわち口頭による喧伝活動の時代が始まっていった。

『生産者』が労働大衆の手に届かなかったとしても、少なくとも幾たりかの傑出した人物の賛同を得ることはできた。それはミシェル・シュヴァリエとイポリット・カルノーの二人だった。

＊＊＊

それまでこの二人の青年はこの世紀の初頭、正確にはノートル・ダム（聖母マリア）の祭式者である大修道院長クルエが、全体を黒の掛け布で覆ったサン・ポール教会で、一三一四年に焼殺された騎士団の最後の偉大な指導者ジャック・ド・モレーの命日のミサをとり行なった一八〇八年、長い暗闇から突如再びこの世に出てきたテンプル騎士団に所属していた(3)。

シュヴァリエとカルノーは、騎士団の継承者が密かに保持し、少数の入信者のサークルを通じて継承されていた斬新で大胆な教説の信仰の入会へと導かれていったのである。この信仰はたぶん新テンプル騎士団員の偉大な師ファブレ・パラプラが所有し、これを自ら匿名で翻訳出版させた非常に古い写本『レヴィティコン』(4)と結び付いていた。だが一八二七年、教理の解釈を巡って大きな意見の対立が起こったため、カルノーとシュヴァリエは離脱者の小グループの先頭に立ち、七月一二日騎士団から離れる旨の次のような書簡を発表した。

「迷える人びとが真理の馬車を、勇ましく、未来への輝かしい道に投入せず、執拗に後退させ、これを正道からの抗し難い、苦痛に満ちた逸脱のみが抱かせる誤った解釈を避けるべく、古い起源の目的に従い、大きな哲学的改革の補佐であり先導者たる署名者は、その前進を加速させたいと願って、このテンプル騎士団に導かれたのである。社会秩序の様々な書物や教説への考察から生じる深い確信と、先人たちが行なった社会の完成という仕事を志し、そして自ら人間的理性の擁護者であるとも宣言している。彼らはためらうことなく、自分たちこそテンプル騎士団の教理の真の受託者だと述べている。それは間違いなく「3 Tixhry 708」の基準解釈教令集で説明されているものである[5]」

最初の体験で失望させられたが、落胆はしなかったシュヴァリエとカルノーは、その若々しい情熱をサン゠シモン主義の方へと向けたのである。

ミシェル・シュヴァリエはパリ国立鉱山局に置かれた理工科学校を卒業したばかりだった。当時彼は弱冠二一歳であったが、すぐさまサン゠シモン軍団で傑出した役割を果たすようになる。最初は《労働局枢機卿》の地位に、次いでサント゠ペラジー獄へと導いていく役割に。しかしシュヴァリエは後になって、新たなそして輝かしい活動を成し遂げることになる。

イポリット・カルノーはすでに著名な一族の一員であった。「勝利の纏め役」で、国民公会議員であった父ラザール・カルノーは政府から国外追放に処せられたが、時は経ってもこの幸運な人間の大人物たる姿は霞むことはなかった。エコール・ポリテクニクでアンファンタンを知り、その上級生であった兄ニコラは、後に熱力学の始祖とみなされる有名な論文「熱推進力に関する考察」を発表したばかりだった。イポリット自身四八年の臨時政府の一員となり、また共和国大統領で、周知のように、アナキストのセザリオの短刀で悲劇的死を遂げた息子のサディを生むであろう。

このときイポリット・カルノーは二五歳だった。まだ妻も子供もいなかったが、熱き心の持ち主で、サン・ペール通りにアパートを所有していた。彼がサン＝シモン主義者の仲間に用意したのはこのアパートである。仲間たちはその客間を「口頭での学説解義の部屋」とし、ここで彼らの教理の説教を開始した。

当時この運動の指導グループには、ロドリーグ、アンファンタン、バザール以外に、ロドリーグのユダヤ人銀行家の親族エミール・ペレールとイザック・ペレール、ユージェーヌ・ロドリーグ、サルシ、フルネル、マルジュラン、カルノー、ローラン、ブーラン、アリス、シュヴァリエ、ボー、ラグランディエール、オージェおよびバイイ医師、ルーアン、アレヴィ、デュヴェリエ、オルスタン、ルセギエ……などがいた。

最初の講演会が開かれるとすぐに、この指導者グループに五〇人あまりの人びとが合流してきたが、そこには「法科や医学部の学生やグラン・ゼコールの生徒などがおり、またこの若々しい人間の集合体のなかには、画家、教師、プロテスタントの牧師、司法官など彼らより年長のものも幾人かいた」。

カルノーの客間がすぐに手狭になってしまったのは当然である。いささか苦難を経た後、運動はタランヌ通り一二番地にある一部屋で開始されることになった。その部屋で、毎週水曜日に「解義」が行なわれた。こうしていよいよサン＝シモン主義は説教壇を持ったのである。

当然アンファンタンとバザールが運動の長になった。オランド・ロドリーグは屈辱感など感じず、むしろ逆に、亡き師の教義がこのように有能な人たちに擁護されているのを目にして感激し、喜んで彼らに従ったほどだった。しかし、若さも無欲さも持ち併せていない他の者は、表舞台から引き下がることなど到底耐えられるものではなかった。彼らが完全に身を引こうと決心したのはまさにそのためである。こうしてアルマン・カレル、ティエリが運動から離脱していった。

さらにオーギュスト・コントが運動から離れたのもこの時期だった。しかしこれは別の理由からである。彼はすでに自己の才を全的に手中に収めていた。四年前には『実証哲学体系』を発表していたし、まだ大きな名声をかち得ていなかったとはいえ、相応の高い地位にあったから、バザールやアンファンタンのような人間が手にしつつある世評を快く思わなかったからである。しかも、オーギュスト・コントはいっときこの運動に共感を抱いたとはいえ、一八二四年以降はもうその一員ではなかった。彼はサン＝シモン主義者たちと途中まで同伴したが、それとまったく別のかたちでまとめ上げた哲学の基礎を作ってからは、この運動を離脱していったのは当然だった。この理論上の理由に加えて、オーギュスト・コントがタランヌ通りに顔を見せなくなるには、さらに別の、はるかに納得できる理由があった。つまり精神病患者として収容されたからである。実際、この若き哲学者の精神状態は、持てる才能ほど安定してはいなかった。当時彼は数ヶ月間病院に入院していなければならなかった。そして、退院すると、最初にしたことはセーヌ河に身を投げることだった。幸いにも警官の手によりセーヌから引き上げられた。以後もう二度と再び自殺を試みることはしなかったが。

オーギュスト・コントのサン＝シモン主義者への一時的な参加については、少なくとも彼らにとって一つ大きな利点があった。彼らのもとに若きポリテクニシアンたちがどっと馳せ参じてきたからである。サン゠シモン主義は『生産者』が戸口から戸口へと回し読みされていたデカルト通りの学校にたくさんの信奉者を獲得していた。この人気の一端は、この教義が二人の元生徒アンファンタンとコント、とくに後者によって擁護されていたという事実にあった。というのも、アンファンタンがポリテクニクにほんの短期間しか在籍しなかったのに対して、一八一六年エコールを襲った休校騒ぎの主たる責任者だったことからもわかるように、騒乱を好む気質で、かつまた人望も厚かった生徒のコントは騒動の責任の一端を担っていたからだった。

運動に参加し、大きな感化を与えた若きポリテクニシアンのなかでは、トランソン、シャルトン、マルソー、とりわけタラボとジャン・レイノー(6)の名をあげておくべきだろう。アンファンタンはこうした若者の集結をどれほど活用できるかわかっていた。

彼は書いている。

「エコール・ポリテクニクは我らの思想が社会に広まっていく運河とならねばならない」と。

アベル・トランソンが学生たちに教義を教える任務にあたり、五回にわたる講演会を行なって大成功を収めた。後には、サン゠シモン主義の集会に一〇〇人ものポリテクニシアンの参加する姿が見られるまでになった。とはいえ、タランヌ通りに押し寄せたのはポリテクニシアンばかりではない。そこには銀行家ギュスターヴ・デシュタル、ルドンおよびユード医師、ガティエ教授、若き音楽家フェリシアン・ダヴィド、さらにフラシャ、ビュシェ、ラシャンボーディなど将来のサン゠シモン主義の冒険事で少なからぬ役目を果たす他の何人かの姿も見られた。

講演会はサン＝シモンの抱いた諸概念の総体的な解説を行なうのが目的だった。この仕事を首尾よく成し遂げるため、彼の弟子たちは「サン＝シモン学説解義」の作成を企てた。本文の大部分を執筆したのはイポリット・カルノーと思われる。後にバザール、アンファンタン、フルネル、デュヴェリエ、アベル・トランソンもこの重要な仕事に協力したが、その作業は二年間にも及び、そしてその全部が二巻本に纏められて一八三〇年にパリで出版された。

教義普及のためにアンファンタンは骨身を惜しまず尽くした。一八二六年から二七年にかけての冬――この間に口頭による喧伝も組織された――は彼にとって熱を込めた研究活動の時期だった。彼は幅広のフロックコートを着てセーヌ河岸で長時間過ごし、その間熟考し、界隈の古本屋の書物をあさり、それからまた部屋に戻り、朝の二時か三時まで「正しい基礎的な経済学や神学」の構築に没頭した。しかし、この熱心な知的活動も、もっと楽しい秘事に時間を割く妨げにはならなかった。相変らずアデール・モルラーヌとの逢引をやめなかったからである。しかし初恋の熱情も消え去り、暇な時間を三年にもわたって続く年若い娼婦ジョゼフィーヌとの間で分け合っていた。この新しい愛人に心を捕えられた彼は、もしアデールが妊娠しなければ、きっと彼女を捨ててしまったかもしれない。サン・マンデの小さな家でアンファンタンは自らの手で子供を取り上げた。一八二七年に生まれた子供は、愛人と二人でアルチュールと命名した男の子であった。この子供の存在こそ、親しい関係を結んでいたアンファンタンとアデールの二人を彼の死の間際まで結びつけるものだった。しかし子供の誕生は二人の恋の冒険に終止符をうち、数年間の別離の始まりを促すもとになった。さらにそれはアンファンタンに経済上の欲求を想起させる原因にもなった。

ロシアから戻ってからというもの、彼は金銭上の問題にはまったく頓着していなかった。就いた唯一の職といえば、給料年一五〇〇フランという『生産者』の責任者のポストであった。一八二八年には友人のロドリーグがこれよりはるかに快適な職として紹介してくれた彼の銀行の現金出納係（給与五〇〇〇フラン）に就いた。彼はこの職に、サン＝シモン主義運動開花のためにそのすべての活動を捧げた時期である一八三〇年一〇月まで就いていた。

運動への新規加入者には、新しい雑誌の発刊開始を可能にしてくれたヴィクトル・オジェのような金持ちもいた。

この週刊誌『オルガニザトゥール、進歩と一般科学の雑誌』の指導を担当したのはバザールとローランであった。第一号は一八二九年八月一五日に出たが、その反響は冷ややかで、サン＝シモン主義者のグループの内でさえそうだった。

バザールとローラン以外には、マルジュラン、デュヴェリエ、デシュタルがこれに協力しただけだった。ロドリーグはこの新企画への敵意を隠そうとしなかった。アンファンタン自身もこの雑誌の編集者に対し厳しい批判を行なっている。

「百科全書の泥沼にのたうち回った老無神論者ローラン……、繋いでおかねばならぬほど興奮状態にあったデュヴェリエ……、もしそれが可能だったら、己の心をコントの心の置かれているような冷凍状態にしてしまったかもしれない、長年にわたって彼の弟子だったデシュタル」というように。

週刊誌は一五〇人の予約講読者で細々と続いた。そこでアンファンタンが再度それを引き受け、これを『サン＝シモン教義誌』と変えた。しかし彼は大衆の間にこの雑誌の土台を見出せず、『オルガニザトゥール』は二年後に消滅してしまう。

この間、運動はその本拠を手狭になったタランヌ通りから、スキャンダルでパリ中の好奇の的になるモンシニー通りの旧ジェーヴルホテルに移した。

モンシニー通りへの本部設置はサン＝シモン主義運動の神秘的段階の始まりと一致した。教義のこの局面はすでにサン＝シモンの死の間際に現われていた。彼の最後の著作は『新キリスト教』であり、またその最後の言葉は「宗教はこの世から消え去りはしない」という言葉だった。全体を引用すると次の通りである。

「カトリック教組織の凋落が立証されたからには、どんな宗教組織も間違いなく消滅するだろうと誰もが思った。ところが彼らは間違っていた。宗教はこの世から消え去りはしないのだ」

したがって、サン＝シモン主義者がその宗教的飢餓感を癒そうとしたのは、カトリック教会の外、つまりキリスト教的信条《ドグマ》自体から外れたところだった。これについては、当時多くのリベラルな階層の心を捉えていた思潮に従うだけでよかった。ブルジョアジーのうちではすでに寛大な社会思想がいくつか生まれていた。そして、現実に猛威をふるう社会的な権利要求を掲げる無神論がいまだキリスト教的慈悲と社会的正義という概念を分離できないでいたときに、こうした感情の高まりはある神政的デモクラシーを、また天空への社会的理想の投影は情念に満ち溢れる、異端で埋ったロマンティックなさまざまなキリスト教を産んでいた。それはモンタランベールとラコルデールがカトリック教をブルジョア王政から守ろうとして『未来』紙を創刊し、ラムネーが自由意思で信仰を取り戻そうと望み、二年後ローマ教皇グレゴリウス一六世から糾弾される民主的カトリック教の概念を形成し、またフーリエが宇宙の変化という学説の草案を作っていた時期でもあった。

ユージェーヌ・ロドリーグの演説に運動の宗教的使命感が出現するのは一八二八年一二月に開かれた集会時である。

「我々は二つの世界の境界にいる。……我々は一方で、ソクラテスの哲学に対応するサン＝シモンの教理をはっきりと確認し、他方で、漠然とではあるが、真理――将来、教理がその中に解消されるキリストの唱えた宗教――に対応する宗教を認めている」

はるか後にアンファンタンは書いている。

「宗教的啓示の期待がこれほどはっきりと表明されたのは初めてだった」

こうして、サン＝シモン主義運動は一つの宗派となっていく。その組織を確立しようとして、一八二九年のクリスマスに、使徒的宣教集団を無意識に借用し「サン＝シモン主義使徒集団」が召集された。

使徒集団はモンシニー通りに集まった。最初の目的は指導者を選ぶことだった。だが、アンファンタンとバザールのどちらにするか決着がつかなかった。オランド・ロドリーグによって、この両名が最もふさわしい指導者であると提案され、全員一致で「至高父、生ける法の幕舎」に指名された。これこそまさに、ただ一人の人間だけが信者を教え導くようにと願ったサン＝シモンの遺言書に反するものであった。二人の「至高父」のいずれかが生涯かけてこの約束違反の償いをすることになるだろう。

＊＊＊

こうして、ごく短期間にせよ、バザールとアンファンタンの二人が宗派を指導していくことになる。ここで新たにこの二人の人物の前で足を止め、ほぼこの時期の彼らの人物像をあるがまま描いてみるのも有益だろう。

一八二八年末、アンファンタン宅で開かれた集会時、ひとりのサン＝シモン主義者が彼らの姿をこう描いている。

「長いテーブルの後ろに四人の男がいた。最初がオランド・ロドリーグ、その横に、広い肩幅で、がっちりした胸、生き生きし、冷静で、意思強固な顔つきのたくましい男バザールが座っていた。整った下顎は胆力を表わし、ルターの姿が連想された。歳の頃三〇〜三五だった。(7) 三番目に、背が高く、上品な服装をし、ほっそりしていささか弱々しい顔立ちは好意あふれた人であることを示す優美な顔に、明るい栗色の美しい髪の毛が覆いかぶさり、隣人より少し若く、惚れ惚れするような美青年がいた。それがこの住居の主人のプロスペル・アンファンタンであった。四番目がビュシェだった」

次に数週間後タランヌ通りで開かれた最初の集会の描写をしてみよう。それについては、サン゠シモン主義者たちがその説教檀を設置しようとしていた館に一部屋借りた、田舎から上京したばかりのとある青年の伝える一文がある。ある晩、上階の騒がしい物音を耳にして、騒ぎの理由を調べようと上って行ったところ、思わず集会の真っただ中に入り込んでしまった。この若者エドワール・シャルトンはこの出来事をきっかけに熱烈なサン゠シモン主義者になった。

「多人数の集会が開かれていた。息も詰まりそうな雰囲気だった。若者の集団の真ん中に置かれたテーブルの前に座った中年の二人の男性が全員の目を引いた。その姿勢と顔立ちと高い背丈が、傑出した体力と強烈な意思強固ぶりを表わしていた。二人のうちの一人が話していた。言葉は唇からゆっくりと漏れ出ていた。嗅ぎたばこ入れを指で回しながら、じっと静止したその頭は、ほんの時たま、わかるかわからないくらい気紛れにのけぞっていた。目を上げるのは何か自分の表情を他の誰よりもくっきりと目立たせたいと思うときだけだった。

――いま喋っているのは誰ですか、と低い声で隣人に尋ねた。

――バザールですよ、と答えてくれた。

――じゃあ あちらは、と威厳あふれる独特な様子で聴衆に優しい視線を巡らせていた二番目の人物を指差しながら尋ねた。

――アンファンタンです」

どの証言をとってもアンファンタンの容姿端麗ぶりに言及し、またそれこそ彼にとって見逃せない要点だった。なぜなら、ある種の成功や熱狂は人間の備え持つ魅力によってのみ説明できることがあるからである。

サン＝シモン主義の衣装を身にまとったアンファンタンと思われる肖像画が今も数点残されている。それは背が高く、優しい容貌の人物である。理工科学校の学籍簿は彼の身体的特徴に関する的確なメモをいくつか残している。身長一・七九メートル、濃い栗色の髪と目、広い額、口は普通で、顎と顔は円く、そばかすの痕跡あり、と。

この身体的特徴に関しては、一七歳の青年で、男性の背丈が明らかに今日ほど高くなかった時代にあっては、この身長はきっと際立っていたにちがいない。

さらにまたこの二人の人物の相違は、容姿にも増して精神の方がはるかに大きかった。『今日の改革者たち』でルイ・レイボーが二人をこう描いている。

「我々の政治的闘争に鍛えられて育ち、その闘争により、またそのために苦しんだバザールは、長きにわたって彼が擁護してきた革命的大義を今もなお大事にしていた。サン＝シモン主義理論を評価するために、俗世の視点――彼はその賛辞を浴びるのを好んだし、またその侮辱を受けるのをひどく恐れていた――に身を置いたことも一度や二度ではなかった。優れた理論家で、疲れを知らぬ思索家でもあり、大衆への熟達せる思想の普及家だったバザール氏は、与えられた問題について演繹や敷衍によって、それが内に含むすべてのものを見出していた。

アンファンタン氏はこれと正反対の性格の持ち主だった。つねに政治とは離れた場に身を置いていたから、いかなる共感や憎悪の念も呼び起こすような思い出をこれに結び付けることもなく、その目も眩むほどの大波乱にも、中立的なあるいは無関心な態度で見守っていた。社会について考えるのは、ただ社会を己の持つ信念に引き寄せるためだけであり、自己の信念に没入するためではなかった。彼の頭は絶えず実験的な変化の生みの苦しみを味わっていた。それはいろいろな理念が生のまま流れ出し、バザールの圧延機にかけられる炉床といってもよかった。一方はより実験の操作技師的要素が強く、他方はより創案者的要素が強かった。後者は語る以上に良く書き、前者は書く以上に良く話した。アンファンタン氏は思想を創造していた。バザール氏は表現文句を見つけ出していた。この二人の人物は互いに補い合い、溶け合っていた。

アンファンタン氏は、ある定理に新しい定理が続くようにと、前進だ！と語りかけ、相次いで斬新な道に向かわせようと毎日休みなくバザール氏を責めたてていた。留保なく際限もなく続けざまに大胆な手を打つアンファンタン氏は、一刻も早く到来し、享楽し、支配し、奪い取った席に身を落ち着けようとしている新世界の化身といってよかった。多様な方策を模索し、大いに批判するも、教理を打ち立てることのほとんどないバザール氏は、過渡的方式、切望する秩序と古びた秩序との間の和解協定の代弁者であった。アンファンタン氏は夢想と教理の側に身を置いていた。バザール氏は論理と実践の側にいた。バザールが身を引いてしまうと、我を忘れたアンファンタンはもうあまりに向こう見ずになってしまった。ところが、アンファンタンが最初に退くと、今度はバザールが懐疑と躊躇に責め苛まれて力無き存在となってしまうのだった」

したがって、ルイ・レイボーの説を信じれば、両教父の性格はその対照性という点で非常に調和がとれており、だから二人が協力し合えれば、実り豊かなものになることは約束されていた。初期の頃は、成功の陶酔も加わり、事実、状況はその通りに進んだ。なぜなら、一八三〇年という年はサン゠シモン主義の吉年だったからである。

一八三〇年、それは復古王政瓦解の年であり、また七月革命の年である。そして、サン゠シモン主義運動はこの革命の下準備に重要な役割を果たすことになる。しかしそれは大衆への働きかけという意味ではまったくない。アンファンタンはこの年の八月にこう書いている。「今日民衆に及ぼす我々の力が如何なるものか、我々は承知している。それは無である」と。しかし、この民衆を支え、またかつて彼が自由主義的思想に目覚めさせたエリートたちに与えた影響力という点から見ると、それは大なるものであった。

バザールとアンファンタンが七月の日々の直後、チュイルリー宮殿に居を構えようとしたという伝説は、おそらくこの運動に冷笑を浴びせかけようとする野次馬連の仕業とみなしていいだろう。二九日から三〇日の夜半にかけて、「両至高父」がパリの建物の壁に声明文を貼らせ、さらに数日後には、バザールがアンファンタンの懇請に負けて、国民衛兵の司令官であり、現状の紛うことなき指導者であったラファイエットのもとに出向いていったこともまた事実である。

この働きかけの目的は、サン゠シモン主義者が求めていた大胆な経済的・社会的改革を達成させるために、かつてそうだったように、ラファイエットに向かい臨時独裁制を樹立させようとする狙いにあった。

バザールがこの任務を負ったのも、かつてカルボナリ運動の渦中でラファイエットと面識があったからである。会見は夜半市庁舎で行なわれる手筈が整えられた。バザールは理工科学校の制服を着たトランソンとシュヴァリエの二人に両側を挟まれて出かけていった。国民衛兵の司令官はかつての仲間を丁重に迎え入れてくれたが、その提案にはまったく耳を貸さなかった。権力など望んでいなかったというだけでなく、思いがけず手に入った権威など一刻も早く捨ててしまいたかったからである。彼はバザールにこう言った。

「確かに、私がそこから抜け出る手助けをしてくれれば、私にとってはとても助かるのですが」

「教父」はこの時点でも、かつて一〇年以上前、身を置いていた「カルボナリ運動」に親近感を抱いていたが、「大衆の行動とこれほど無縁な人びとと事を起こそうとしても何もできはしないという無力感」に苛まれて、身を退いてしまった。

サン＝シモン主義者は権力の座に到達できなかったが、つかの間にせよ、彼らにとって新たな支配体制は大きな成功の時代の始まりとなった。彼らの一人ラフィットが大臣になったからである。新規加入が続々と増えていった。資金もどんどん流入してきた。新たな賛同者のなかには、教団に持てる財産すべてを寄付してくれるものもいた。サン＝シモン部隊に合流しようとして、妻のセシルとともどもクルーゾの工場の取締役の職を辞したアンリ・フルネルの場合がそうだった。こうした隆盛のおかげで、運動はその宣伝活動を驚くほど拡大でき、こうして手始めにその教理にとって不可欠な支柱ともいうべき「雑誌」を再度見つけることができた。だが、今回はもう、危険を伴う定期刊行物の創刊などに乗り出すのではなく、日刊紙『地球《グローブ》』の買収でよしとした。

『地球』は、王政復古期では、自由主義的野党の機関紙であった。部長のデュボワはロドリーグの友人であった。主要な編集者の一人ピエール・ルルーはもうすでにサン＝シモン主義陣営に移っていた。闇取引は簡単だった。一八三〇年一〇月に新聞は買収され、こうしてアンファンタンはリモージュにいたミシェル・シュヴァリエに次のような手紙を書いている。

「ミシェルよ、我々のもとに来るのだ！『地球』は我々のものになったのだ、君の手にそれを渡せるのだ！　さあ、これからあの髭を生やしたブルジョアや、角帽〔昔、博士、法官、聖職者らが被った帽子〕を被ったお喋り連中や、〔シャツやブラウスなど〕胸飾りをつけた聴衆や、袖飾りをつけた上院議員など、こうした野次馬連中のすべてを追い詰めてやれるのだ。……さあ、ミシェルよ、我々のところに来たまえ！……また君には脱がせてやらなくてはいけない古くさい帽子や、痛罵しなくてはならない似非学者どもが必要なのだ。……さあ、来たまえ、そうすれば、君は日に一二列もの記事が埋めつくせるのだ」

いかに重要な新聞だったとはいえ、『地球』はアンファンタンとバザールに率いられたサン＝シモン主義者たちが当時あらゆる方面に向けて展開していた驚くべき活動の一側面を反映するものにすぎなかった。

モンシニー街のホテルの階はすべて人で埋めつくされ、それはこの運動の絶え間のない行動が発する騒々しい集合場所になっていった。

テブー街にさらにもう一つ大きな部屋を借りることになった。そこでは毎週一回水曜日、五〇〇〜六〇〇人の聴衆を前にして六名の説教者の講演が行なわれていた。なかでも聴衆が一番熱心に耳を傾けたのは、大胆かつユニークな弁舌を振るう元教師のバローと、その名を聞いただけでパリの粋な女たちが駆け寄ってきたアベル・トランソンの演説だった。

とりわけラテン区が皆の注目の的だった。カルノーとジュール・ルシュヴァリエが裁判所の正面のプラドのホールとか、ソルボンヌ広場のアテネのホールとか、グルネル・サントノレ通りのラ・ルドットのホールとかの構内で定期的に説教を行なっていた。多数の聴衆は、理工科学校や、エコール・ノルマルや、医学・法学部や、アンリ四世学院や、コレージュ・サン・バルブなどから選ばれてきていた。ときおり布教師が首都から離れた街区に赴き、新帰依者は現れなかったものの、つねに多くの野次馬連を集めながら、実にさまざまな会場で言葉を発していた。

けれども、最大の努力が傾注されたのは地方の市町村であった。アンファンタンのラングドックへの旅はこうした新しい信者勧誘活動の発端になった。彼は地方の弟子ルセギエを引き連れて、モンプリエ、カルカッソンヌ、カステルノーダリらを訪れ、行く先々で新たな信者を残していった。この企画の成功により、彼は再度このような試みを始めてみようと決心し、これに続いて地方に派遣する宣教師も増やしていこうと決めた。こうして、デシュタルはメッツに、ルシュヴァリエはツールーズに、ルモニエはモントーバンとピレネーに、ペレールはボルドーに、ルルーとレイノーはリヨンとグルノーブルに、他はナンシー、ストラスブール、ディジョン、ブザンソン、ブルターニュなどに送り込まれていった。ほどなくして、フランス全土はサン゠シモン主義の網の目で覆われてしまった。いかなる状況下に置かれても疲れを知らぬ精力家であったアンファンタンは、地方から地方へと矢継ぎ早に足を延ばし、送り込まれた代理人たちの熱意を奮い立たせ、教義に合致した正統的な言葉をもたらしていた。現実的な才覚を十分に備えていた彼は、説教と説教の間に、ロマンスに在住の従兄弟のために何樽かの葡萄酒も売り込んでやったりした。

サン゠シモン主義哲学が宗教に変貌すると、地方のこれらのセクトはリヨン、ツールーズ、モンプリエ、マルセーユ、ブレストの五つの教団《ルリジオン》にまとめられた。

一八三〇年末になると、教宣活動は国境を越え出ていくようになる。アンファンタンの理工科学校時代の学友で、工兵隊の大尉ビゴはアルジェリアに新しい教義をもたらしていた。彼はボーヌの攻囲戦で戦死したが、それまでにラモルシエールをはじめとして何人かの弟子たちの心をしっかりと捉えていた。

ベルギーでは、サン゠シモン主義教義は一八三〇年以降に広まっていった。マルジュラン、カルノー、ルルーらによってこの国に多くの信者が現れ、また非常に活発な教団も創設された。

サン゠シモン主義はドイツにも入り込み、ハインリッヒ・ハイネのような熱烈な擁護者を生み、さらには社会主義者たちにも大きな影響力を与えようとしていた。サン゠シモン主義がデシュタルの手によってもたらされたイギリスでは、カーライルやスチュアート・ミルのような人たちの共感を呼び起こした。

要するに、このセクトの存在を知らないような国はほとんどなかったといえる。スウェーデン、イタリア、アメリカ合衆国などの国々でもそれは人びとの話題にあがっていた。海軍将校たちが中近東や、アンティル諸島やブラジルなどの投錨地にその名をもたらしていた。「サン゠シモンの名はほどなくして地球上の隅々にまで鳴り響くようになるだろう」と一八三一年にペレールは書いている。こうして、教義の表面的な拡大は十全に果たされたといえる。だが、パリにあってはまたさらに深部まで分け入って行なわれた。

『地球』の教説を広く個々人に行き渡るようにするため、読者との通信事務局が設置されたのである。その担当者となったイザック・ペレールは最初の二ヶ月間で、一二〇〇通もの手紙を受け取っていた。

講演会は知識人階層やブルジョア階層にしか届かなかったため、労働者向けの特別教育部門が設けられた。当時のパリ一二区では、そこに住むサン゠シモン主義労働者の面倒を見、彼らの教育を担当し、新たな改宗者を獲得する仕事に従事する男・女指導者各一名が配置された。労働者たちが共同生活を送る「共同の施設」も設けられた。財政上の理由から、その数はポパンクール通りと、ラ・トゥール・ドーヴェルニュ通りの二つに限定された。そこには二五家族が集められたが、登録された六〇〇人にのぼる労働者がそれ以外の施設の設立を待ち望んでいた。ようやく一八三二年初頭、最初の作業場《アトリエ》の実現が試みられた。これこそアンファンタンの抱いていた最も大切な夢の一つだった。そこでは、倹しい生活を送り、退職後の生活が保障され、幼児教育の責任もしっかりと請け負える労働者が集められるのではないかと期待されたからである。紳士服仕立屋の作業場と婦人服仕立屋の作業場も組織された。だがこれを発展させる資金が不足し、結局その試みも発育不全のまま終わってしまったが、それにはサン゠シモン主義者の、とりわけアンファンタンの衣服というものへの世俗的なこだわりがあったためかもしれない。靴屋の作業場についていえば、靴職人などわずか一人という露店程度のものに止まってしまった。

安価な住居の問題に着手することになった。ルーヴォア通り一〇番地に二〇人あまりが居住する一軒の家が購入された。

アンファンタンの主要な目的の一つは女性の教育と解放であった。新加入者の募集と特別な教育訓練の努力がこの方向に沿って試みられた。この大事な使命を担ったのが、「教父」バザールの妻クレールである。彼女は驚くくらい熱心にこの仕事に身を捧げた。彼女は仲間にこう言っている。「そうです！　直感だけれど、私たちの目と唇はとても大きな幸福と深い愛情を表わしているから、私たちのことを話題にするにあたり、あなた方が用いている天使とかウリ〔ペルシャ語。コーランが熱心なイスラム教徒に使う天国の美女〕ではとても十分ではないでしょう。ほどなくすれば、あなた方が私たちのうちに探し求め、そしてそこに発見するもの、それは神そのもの、生ける神であることは間違いありません」。

彼女は娘と姪、ロドリーグの娘たちと彼の妻ユーフラジー、セシル・フルネル、カロリーヌ・シモン、さらにアンファンタンの生涯と教団の発展のうえで大きな役割を果たしていくアグラエ・サン＝ティレールらの助力を得た。

もちろん、こうした活動はあるものには憎悪を、また他の多くのものには嘲笑をもたらしたことは論を俟たない。その活動は秩序も何も保たれず、単純素朴であることもしばしばだった。けれども、あらゆる方面にわたり熱心にまた精力的に展開されたから、結果的には大量の信者を入信させることになった。アンファンタンは語っている。「我々は自分でも驚くくらいの速さで進んでいる」と。

一八三〇年末からは、アンファンタンとバザールはその「四万人の信者に向けての声明文」を送る手筈も整っていた。

第4章　社会主義者アンファンタン

運動の拡大が強いる多方面への作業にもかかわらず、アンファンタンは基本的な教理である経済学やさまざまな社会問題の解説や考察を見失わなかった。一八三一年の一年間を通じ、彼は『地球』にこうした問題について多くの研究論文を発表している。同時代の経済学者の見解、とりわけジャン＝バティスト・セーの見解を批判する論文で、経済学は社会学の分野に含まれるべき――この時代ではそれは新しい考えだった――と決めつけている。当時まだ誕生したばかりの社会学というこの学問はサン＝シモン主義の主要な分野になっていた。事実、この教理は土台に結合体《アソシアシオン》があり、これを除けば階級闘争以外の可能性は存在しなかった。

「人間が結合《アソシエ》しない限り、人間相互に闘争が生じることは明らかである。我々にとって中庸などまったく存在しない。結合すること、それはまず何よりも共通の利益を持つことである。結合しないこと、それは対立する利益を持つことであり、またそれは単に相異なる二つの利益を持つことだけではない。なぜなら、個々人は決して互いに孤立してはいないからであり、そして便益や生産物などの相互の交換が行なわれるや否や、もし結合体《アソシアシオン》が存在していないなら、一方は懸命になって他方につけ込もうとするし、また逆に他方もそうするだろう。どちらも対手の力や策略に警戒心を抱き、互いに助け合えばもっと有効に使える時間と貴重な努力を用心や警戒のために使い果たしてしまうからである」(1)

アンファンタンはサン＝シモン主義に基づくこの結合体《アソシアシオン》が近い将来実現するという確信をしばしば表明していた。それは過去につくられたどんな結合体《アソシアシオン》よりもはるかに魅力的で麗しいものであった。

「……戦争とその作業のために、あるいはまた、この地上の快楽を憎悪するあまり神秘的な観想に耽ったりして、人間を結合させることが可能であるとしても、彼らにまったく平和的な共通の目標、万人のそして各自の欲求に適合した目標、あらゆる種類の仕事や労働者に有利な目標を提示することによって、彼らを結び合わせ、結合させることのほうがはるかに容易くはないだろうか。

この社会で、官僚の能力と役職の重要性との間にしばしば矛盾を生み、必然的に無秩序を、すなわち一方の側の抑圧と、他方の反抗を生じさせているかの世襲上の諸特権がなかったら、それはとりわけ容易いことではないか」

アンファンタンはサン＝シモン主義共同体の実現の主たる障害になっている出自による特権に倦む

ことなく立ち向かっている。

「社会は有閑者と労働者の二つのみで構成されている。政治は労働者の置かれている境遇の道徳的、肉体的、知的改善と、有閑者の漸進的衰退を目的としなくてはならない。その手段とは、有閑者についていえば、世襲のあらゆる特権の破壊であり、また労働者に関していえば、能力に応じた評価と、成した仕事に応じた報酬である」

だからこそ、相続を廃絶しなくてはならないのだ。

「……ところで、実際、自国の子供たちを怠惰なまま、まるでのらくらもの同然の、貴族と変わらぬ自堕落な生活に放置しておくもの、いわば、何もしないで、破廉恥としかいいようのない裕福な暮らしをさせておくことを誰が喜んで認めるだろうか。これと反対に、私たちの構想する社会では、それよりはるかに健康的で、新鮮で、明るい都市、いたるところ清潔さに満ち溢れ、水道や、立派な橋や、泉や、頑丈な道路や、運河などが備わっているのだ。そうしたものはどれをとっても二輪馬車や、駿馬や、株式取引所やその他さまざまな賭博場の快楽や、舞台裏の出入口や、移ろいやすくて金のかかるファッションや、飾り紐をつけた従僕などに負けないほどに価値あるものである。さらにまたこれらすべては、しゃれた年若き寡婦や立派な連隊長のカテキズムである体育演技目録に匹敵するものである。これらすべては、かの不幸な貧者に悪夢をもたらす、有閑者のためにつくられたロマンティックな詩作品や、閨房を飾る風俗画、庭園を彩る滝や噴水に匹敵するものである。要するに、これらすべては怠惰な少数者の慰みものと同じ価値を持つものなのだ。なぜなら、それらは国民のためのもの、働く大衆のためのものであり、食糧を供給し、啓蒙し、霊感を与える人びとのためにあるのだから。それらは一国のエネルギーや栄光をつくりだしているすべての者のためのものであり、芸術家や知者や産業家のためのもの、有閑者がはるか以前から守ってやろうという素振りだけを見せつけてきた人びと、そしていつかこの哀れむべき保護から間違いなく解放される人びとのためのものなのだ」

実際、革命家というより改革者というべきアンファンタンは、あらゆる相続の絶対的な廃止ではなく、ただ傍系相続の禁止と、直系相続への相続税の拡大を求めただけである。こうして回収された土地財産は、諸企業への出資を目的にした「社会的で、進歩的な、利潤を生まない、個人的所有物という性格を失った」資本を持つ銀行によって管理運営されていくことになる。

すでに『生産者』のなかで奨励し、また『地球』で強く求めた利潤の廃止によって、アンファンタンはマルクスの到来をこう告げている。

「優れた資本家たちは、今日主張されているような経済学の論議に心休まるかもしれない。彼らはこう言うかもしれない。我々は休息している。けれども、我々の資本は働いているのだ。我々はまどろんでいる。しかし、資本は眠らず起きている。したがって、我々が資本の働きと徹夜労働の果実を消費していたというのはまったく正しい。

資本の働き、徹夜の作業だって！　ところで、実際に労働し、呻吟し、徹夜し、涙しているものは一体誰だったか。それはあなたたちのエキュ（お金）なのか。いや！　そうではない。お金はあなたたちの手に戻ってきたとき、汚れたり、使い古されたり、すり切れたりしていないのだ。それらは量を増し、黄金色に輝いているのだ。だがしかし、あなた方がそれらを貸し与えてやった人、そしてあなた方のもとにそれを返却しにきたとき、疲労で今にも死にそうになっている人を見てごらんなさい。徹夜の作業に勤しんでいたのは誰あろう彼であり、使い古され、醜い姿となったのは彼なのだ。見なさい、彼はもうすっかり価値を失い、もはやこの世界では通用しなくなってしまった存在であり、彼を引き取ろうとするものなど一人もおらず、まったく廃貨同然なのだ」

相続と利潤を廃止した後、我々の伝統的な社会には一体何が残るのか。所有である。アンファンタンはこれを禁止したのか。決してそうではない。その原理を寛容に認めながらも、その不変性を拒否しているのだ。

「歴史が示しているように、人びとは現在の所有制度を、それが受けた数々の大きな変化にもかかわらず、不変的な事柄とみなし、そしてあたかも人類は、一方の階級には労働もせずに多大な快楽をもたらし、そして大多数の人びとは悪徳、無知、貧困などに押し込まれ、労働という重荷を割り与えられてきた野蛮で不正な、このうえない有害な階級的差別を唯々諾々と忍従してきたかのように考えたのである」

こうした手段、言い換えれば相続の制限、利潤の廃止、所有の緩和、銀行の役割の新構想によって、アンファンタンは単に貧困階級を苛んでいるだけでなく、また有閑人の何不自由ない生活を刺し貫いている苦しみまで、ありとあらゆる苦しみが治癒される黄金時代を予示するサン＝シモン主義的結合体《アソシアシオン》が実現できると思ったのである。

なぜなら「下層階級の血も滴るような、そして誰の目にもはっきりわかる苦痛をしっかり目に捉え、宮殿の豪奢な装飾の下に隠され、レースやサテンに覆われ、舞踏会や観劇の喜びに包み隠されているその他数多くの苦痛——麦藁の上で呻吟する苦痛と同じように、羽根布団にくるまって死んでいく苦痛——を嘆き悲しんだりしないようにしなくてはならない」からであった。

第5章　モンシニー街

ありとあらゆる新思想が湧き立っていった教会、またこれを基点にその運動がヨーロッパ全土に広がっていった状況を読者に紹介するに先立ち、一八三〇年と一八三一年の二年間にサン＝シモン主義者が身を捧げた驚嘆すべき活動を簡潔に描写してみよう。

それは年代記作者たちがモンシニーの館に対して実に辛辣な悪評を流したからであり、実際、この建物が誰しも思い描くような哲学者たちのサークルとか、宗教者の学院という考えに合致するところが実に少なかったからであり、またあらかじめ彼らの企画の真面目さを考慮に入れなかったら、誰もがサン＝シモン主義者を愛すべきリベルタンと見なしかねない時代だったからである。

一八三〇年初頭から、アンファンタンはしだいに自宅に数多く詰めかけてきた友人や弟子たちを十分に受け入れられる広いアパルトマンに居を定めなくてはという思いに駆られていた。ほどなくして彼は、イタリア座からほんのわずか離れた、当時パリの人びとが最も活動的な生活を送っていたこの大通りのちょうど真ん中にあるモンシニー街のオテル・ド・ジェーヴルの三階に一つ大きな部屋を見つけた。

自分一人で使うには家賃が高すぎたから、アンファンタンは友人のトランソン、カゾー、ジュール・ルシュヴァリエの三人に一緒に住まないかともちかけた。彼らは三月、モンシニー街に身を落ち着けた。

この家の二階には「ソシエテ・デ・ボンヌ・ゼチュド」(学術研究協会)、四階には『地球』が居を構え、またこの四階ではサン゠シモン主義者たちが数多くの友人とさらに一人の熱烈な信奉者を抱えていた。

数ヶ月後、『地球』は買収され、また「ソシエテ・デ・ボンヌ・ゼチュド」は、おそらく論じるテーマがなかったためか、解散してしまったので、それらの部屋はサン゠シモン主義者に貸し与えられ、こうしてその建物全体は彼らの自由に使用できるようになった。運動の主だった指導者はここに住まうことになり、オテル・ド・ジェーヴルはサン゠シモン主義の最初の教会であると同時に共同の住居になっていった。

ぶんぶんとうなり声を発する何とも騒がしいこの巣箱には、およそ三〇人が居住していた。アンファンタン、バザール、およびその家族の七人、ジュール・ルシュヴァリエ、カゾー、フルネルと彼らの妻、トランソン、レイノー、タラボ……などである。アグラエ・サン゠ティレールは管理人に任命され、六人の召使いと一緒にその家の管理運営にあたっていた。

食事は二人の「教父」が主人役を務める共同のテーブルでとっていた。皆は互いに向かい合わせで席についていた。給仕はアンファンタンが行なった。彼は何事であれ感心するほど心を尽くしてあれこれ気を配り、細かい点まであれやこれやと仲間に問いかけていた。

外部の政治動向を巡る会話の采配を振るうのは通常バザールで、大臣連の意図や下院のスキャンダルなどを推測していた。気の利いた一言があるだけでもう、それは延々と続く問題や議論のテーマになった。

日曜日と木曜日の夕食会は、それほど打ち解けたものではなかった。教理の成功ぶりに関心を抱いた人びとをそこに招いたからである。著名な芸術家や、外国人、砲兵隊将校や工兵隊将校、地方のジャーナリストらが姿を見せることもしばしばだった(1)。

数限りない活動のため、日中や、時として夜中まで四方八方に飛び回っている説教者やジャーナリストや宣教師たちが出会える唯一の機会だったこの食事会――だが、大抵は簡素だったが――の活気のほどはこれで納得いくかもしれない。

食事会では、このセクトを標的にしたパンフレットやカリカチュアが互いに手渡された。事実、そうした類いのものは無数にあった。どんな運動も、戦闘的時代のサン＝シモン主義ほど民衆の熱気や創作欲を刺激したものはなかったからである。

「ねえ、信者《シモニアン》さん、あなた方のセクトにとても関心を抱いている若者がいるのですが。……その方面に詳しいあなたでしたら、至高父になるまでに一体どれほど修行を積んだらいいか教えてくるでしょうね」などと。

同時にまた、いろいろな戯れ唄もつくられた。それらが全部意地悪な唄だったというのではなく、またアンファンタンの側もこの種のあざけりやからかいをそれほど苦痛に感じないまま受け入れていた。

「みなが我々のことを嘲り、誇ったりしているだけでもたいしたことじゃないですか。……我々は、初期キリスト教徒が被った十字架、火刑、残虐行為などが、嘲笑や風刺詩に変わったというだけで大いに満足しましょう」

モンシニー街では「学説解議」は行なわれていなかった。当時多くの大衆の心を摑んでいた学説解議はテブー街の部屋とその付属の建物で企画されていた。だが、その催しの何度かは、毎週、学説に関心を抱いた人との会話や討論に費やされていた。それは火曜日、木曜日、土曜日の夜に開かれていた。日曜日の午前は、クレール・バザールとトランソンがこの運動に加入した労働者や共鳴者を迎え入れていた。

ところで、木曜日と日曜日には、「豪奢な夕食会」が終わった後で、大勢のきらびやかな一団がひしめくとてもにぎやかな夜会が催された。この夜会には、リストやベルリオーズやフェリシアン・ダヴィドとか、著名なテノール歌手のヌーリのような音楽家、小説家、文学者――サント＝ブーヴは木曜日には必ず出席していた――、画家、医者、技師、役人などの姿が見受けられた。

音楽も演奏された。リストがピアノに向かうこともしばしばだった。踊り、とりわけワルツも演じられた。ヌーリはアンファンタンの作曲した賛歌を――それは必ずしも彼の最良の仕事の一つというわけではなかった――歌ったりした。

こうした世俗的な娯楽で、「オテル・ド・ジェーヴル」が宗教的な館だということ、サン＝シモン主義運動がある位階制度になっていたことがつい見過ごされがちだった。だが見過ごされるどころか、モンシニー街に居を定めて以来、それは非常に厳格に組織され、位階化された制度になっていたのである。

頂点には二人の教父、バザールとアンファンタンがいた。彼らは九名のメンバーから成る「評議会」に列席していたが、そのなかで、アンファンタンは各自の仕事を以下のように配分していた(2)。

「ロドリーグとマルジュラン、君たちは我々の評議員でありかつ顧問である。ローランとバロー、諸君は我々の愛の声である。愛の声を説き聞かせなさい！　ルシュヴァリエとカルノー、諸君は我らの語り部である。説教してきたまえ！　デュヴェリエ、デシュタル、シュヴァリエ、『地球』は君たちのものだ。執筆したまえ！　クレール（バザール）、あなたは我々の最初の女性だ。我らのもとに女性を連れてきなさい！　デュヴェリエ、我らの第二段階の息子たちの指導はあなたに委ねられています」

評議会の下部には、第二段階、第三段階、準備段階というように、信者は三段階に振り分けられていた。

最も大きい発展を遂げた時期のサン＝シモン教団《コレージュ》は、以下のような信徒の数を擁していた。教父：二名、評議会：一六名、[3]第二段階：二二名、第三段階：三九名。この教団のメンバーが「聖職者」を構成していた。しかし、彼らが引き受けていた聖職者としての資格は当局からはまったく認められていなかった。諸宗派の司祭に免除されていた国民軍への兵役義務をめぐり紛争が生じた。サン＝シモン主義者は彼らの主張する兵役免除を取得できず、また、頑として拒否の姿勢を貫いたため、召集令状を受け取るたびに、他の徴兵拒否者と一緒に「パリ市立刑務所〔一九世紀につくられた国民衛兵専用の刑務所〕」に二四時間収監された。勾留はそれほどきつくなく、歩哨は彼らにこんな唄を歌って聞かせたりしていた。

サン＝シモン主義者は
お人好しの楽天家さ
陽気になれるのも
彼らがいればこそさ……

目下のところ、教団に祭服はなかったが、少なくとも神聖な色は青と決まっていた。アンファンタンは書いている。「バザールと私のパンタロンと服は明るいフローラ〔ローマ神、花と豊穣と春の女神〕の青で、チョッキは白である。評議会はさらに薄い青で、以下同様に群青色と続く」。

新しい宗教には数々の祭式があった。結婚および埋葬の儀式はあるしきたりに従って執り行なわれ、その儀式の記録は今でもアルスナル図書館の古文書記録に保管されている。サン゠シモン主義の最初の結婚式は一八三一年九月一一日に行なわれた。数日後、今度は同じ儀式にのっとり、バザールとクレールの娘が『地球』の編集者と結婚した。

サン゠シモン教には聖職者がいて、祭式を備えていた。ここでは本質的な事柄、つまりその教理と形而上学については触れなかった。理工科学校入学以来、図式的分析への関心を持ち続けていたアンファンタンは、この形而上学を二頁にわたる一覧表に要約していたと述べておけば十分だろう。

サン゠シモン主義の道徳、とりわけ性道徳に関していえば、いまだ定式化されていなかった。しかし、アンファンタンはその構想を抱いていた。その全分野を組み立てたと確信したときに初めてこれを教えようと決めていた。こうして、数ヶ月前から両教父を密かに対立させていた危機が明るみに出たのである。アンファンタンの述べる諸原則があまりに斬新だったため、オテル・ド・ジェーヴルは情念の煮えたぎる大鍋へと変わってしまった。世論は憤慨し、公安当局が乗り出してきた。内部対立の緊張のもとで、さらには外部世界からの迫害という衝撃もあって、秩序は崩壊した。

* * *

サン゠シモンが女性の問題について、社会的個人とは男・女対《つい》の一組であるという原則を提示したのは、死も間近の晩年だった。したがって、この原則から彼の予測する諸結果を取り出せなかったのは、時間的ゆとりが十分に残されていなかったためだろう。フーリエは、情念の自由な働きの必要性に基づく新しい性的モラルを明示した最初の人物だった。極度に潔癖・貞潔なこの時代にあって、こうした学説が人びとにどのように受容されたかは容易に想像がつく。『種蒔く人』紙の論説委員で、いつもフーリエの思想に多少なりとも共感を寄せていたジャーナリストでさえ、こう書かざるをえなかったのだから。

「口にするだけでも思わず赤面し、頭に思い浮かべるだけでも心を汚してしまうような汚辱について語っておかなくてはならない」と。

さらに、「ファランジュ」の組織について触れ、こう述べている。

「こうして、この世は広大な娼家となりはててしまうのだ。この淫売宿で許されるあらゆる行為や出来事と引き換えに、ファランステールという呼び名がつけられると言っただけでは言い足りないかもしれない」

したがって、女性の解放と肉体の復権を要求したとき、アンファンタンが抜きん出た先駆者というわけではなかった。(4) ただ、フーリエの経験を十分承知したうえで、彼は激情に駆られた厳しい攻撃を受けることが明白な領域に足を踏み込んでいこうとしていたのである。

アンファンタンにとって、性的禁止事項は社会問題を錯綜させる非常に重大な事柄であり、感情吐露の絶対的な自由のみがそうした問題を解決してくれるものだった。女性が貞節の規範から解放されない限り、彼女たちは奴隷状態のままに置かれてしまうのだ。なぜなら、貞節というものは人間本性の生まれながらの性向を尊重しないため、人によってはそれが持つ変化の欲求を姦通や売春行為で満たしてしまうからである。この二つの害悪をなくそうとすれば、結婚の規範を拡大できる両性の結びつきを見出さなくてはならない。こうして、個人を移ろいやすいものと不動のものという二つの階層に分け、前者には一時的な結婚形態によって、その変化の欲求を満たす余地を残すことができるようになると考えたのである。

アンファンタンにあっては、女性の全的解放とはあらゆる進歩の実現を図るための前提条件とみなされていた。

「サン＝シモン主義時代を告げ知らせるのはまさに女性の解放である。その定着に最大の貢献をしてくれるのは女性であるし、それを最も力強く支え、かつ最大の愛情を込めてこれを完成にまで導いていくものも女性である」

女性の解放、それは両性の平等なのか。アンファンタンはそれを越えてさらに先まで進もうとしていた。

「女性は男性よりも力強い存在だろうか。宗教的観点からみればそうであるが、政治的な面からはそうではない。……事実、女性は男性より力強い存在になるだろう。なぜなら、愛されたいと願うものすべてをより高所に引き上げてやるためにのみ、男性に力が与えられているからである」

世論を表現するのに細心の注意を払っていた『(一九世紀)ラルース大辞典』が数年後に次のよう

に述べていることから考えても、女性の優越性を断定するなどという考えは実に大胆不敵な仕業であった。

「その本性から考えても、女性が男性と平等であることはありえない。女性は知的、道徳的、肉体的にも劣等な状態に置かれているからだ」

とはいえ、アンファンタンが世にスキャンダルを巻き起こしたのは、「対《つい》の司祭」の構成である。教理の受託者である「対《つい》の司祭」の構成者は、一人ではなく、全員と婚姻関係を結んでいた。知性と美を兼ね備えた彼らは、知性の度を越えた欲望を鎮め、感覚の錯乱する欲求を統御するのが使命であった。また逆に、信者から控え目な愛情の敬意や、熱烈な愛の信仰を受け取りながら、無気力な知性を覚醒させ、鈍麻した感覚を甦らすことを使命としていた。慎みの魅力と同時にまた快楽の恩恵などすべてに通じていた彼らは、あるものにあってはその精神を、そしてまた別のものにはその感覚を統御しなくてはならない存在だったのである。

幾度もためらった末、溺愛するこの息子の掲げる教理への母の入会を促すことになった母宛の手紙で、アンファンタンは自身の考えをさらに明確にしてこう述べている。

「対《つい》の司祭は精神と肉体に従って愛されています。……代数などよりはるかに多くの与えるべき愛情の教えがあります。……崇敬ともいえるほどに愛する女性を夢みている私、そんな私は、目下、私の妻のみが、我がサン゠シモンの息子たちに幸福と、健康と、生命をもたらし、その優しい腕の中で彼らの心を奮い立たせてやれるような状況を構想しているのです」

アンファンタンが「教団《コレージュ》」の前で初めてその奇妙な学説を開陳したとき、いかに勇敢なカルボナリ党員だったバザールといえど、びっくり仰天し、尻込みしてしまった。これほど大胆な試みのために投げ込まれた精神的な混乱状態のなかで、幼年時代の信仰を取り戻した彼は、大きな声でこう叫んだ。

「キリスト教が見捨てたものから取り戻すべきもの、また有罪の宣告を下したものから弁護できるものなど何一つない」

こうしてモンシニー街で熱狂的で白熱した議論が始まったが、その情景をカルノーはこう描いている。

「我々は、邪魔者や野次馬連中を避け、バザールの部屋に一八〜二〇人ほどが集まり議論した、というよりもむしろ、最も高尚で、深刻で、デリケートなテーマを巡って討議が交わされるのを聞いていたといったほうがいい。依然として結合体《アソシアシオン》の揺るぎない指導者である二人の敵対者が、部屋の両端に向き合って座り、その周囲を一言も口を利かず、厳粛な態度で、心底感動したサン゠シモン主義教団《コレージュ》に取り囲まれながら、最初に口火を切った。こうした状態が数日間続いた。食事時になっても誰も決して離れようとせず、結合体《アソシアシオン》の運命がかかっているのだという思いに急きたてられ、さらにいる家族の食卓に足を向けていた。

大なる奥義の重荷が彼らに担えるのかどうかあえて問いかけながら、下部のものが忙しく立ち働いている家族の食卓に足を向けていた。

食事が済むと、再び部屋に閉じこもり、議論が再開され、深夜になっても中断されなかった。哲学、宗教、道徳の領域が二人の優れた知性の持ち主によって、表現上の配慮もせず、美辞麗句も使わず、脇にもそれず、感情的偏見もなく、非常に率直な態度で、我々の前で深く掘り下げられ、検討に付された。バザールは考えを口に出すときのいつもの仕草の、指の間でかぎ煙草入れをくるくると回し、アンファンタンの大胆な圧力と巧妙な詭弁《ソフィスム》に対し強い調子で、言葉少なに反論を加えていた。アンファンタンはといえば、胸に染み通る声で、不安感などにいささかも妨げられず、猛スピードで、誠実な敵対者も狼狽させてしまうような情け容赦ない論理を展開していた。おそらくバザールは、協力者の形而上学的歯車が彼をその精神の同意するさまざまな解釈をはるか越えたところにまで導いてしまっていたことに気づくのがあまりに遅すぎたのだ。

そこに三人の女性の姿も混じっていたにもかかわらず、大半が青年の聴衆を前に、両性間の関係という最も扱いづらい問題が論じられた。思わず目を伏せてしまう言葉が発せられたかどうか、私にはわからないし、また我々の誰もわからないだろう。この女性たちがすべてを聞き、躊躇せず何でも述べることができるほどに問題への関心は強烈だったが、それにびっくりするものなど一人もおらず、また微笑が唇に浮かぶこともなかった」

ところで、アンファンタンが思い描く社会で、女性に与える役割に対し、自らの性の名において真っ先に抗議の声を上げたのはバザール夫人であった。

「精神的緊張があまりにも強烈だったため、聴衆の間に入神的状態の危機が生じた。カゾーが突然立ち上がり、まるで霊感を受けたかのような言葉で喋る姿が私たちの目に入った。私の側にいて「これこそ忘我の状態だ！　ああ！　アレキサンドル・ベルトランがここにいたら！」と思わず叫んだピエール・ルルーは、思うに、友人と考察した現象の一つをここでもう一度観察できて内心満足したようだった」

討議が長引くにつれ、厳しさ、激しさも増していった。バザールは身を熱くして討論に加わっていた。アンファンタンはただもうひたすら対手の憤怒を増大させるような、覚めた的確な態度で論証に務めていた。一八三一年八月二五日の晩、彼が「あまりに巧みな詭弁を弄したから」、バザールは発作に襲われ、その場に倒れ込んでしまった。「彼はまるで供儀者〔供儀を捧げる祭司〕の手で打たれた雄牛のように倒れこんでしまった」。

この事件の後に生じたバザールの半引退状態により、サン゠シモン家族集団ではロドリーグがより重要な役割を担うようになる。彼は銀行経営の職を辞し、階級の教義上の職務に全面的に身を投じるようになった。アンファンタンの道徳は物議を醸していた。なぜなら、彼は最も良俗に反する奇抜な構想を取り去った別の道徳律をもう一つ提示したからである。そこでは、対《つい》の司祭の役目は純精神的な保護監督に限られ、夫が婚姻外の相手《パートナー》に対して抱く精神的・肉体的な愛情は、通常の婚姻を特徴づけているものとは異なる表現と限界があるはずだと明言されていた。

ロドリーグはおさまらぬ興奮状態のなかで必死に職務に励んでいたが、カゾーと同じように数週間も早く、ある日突然わけもわからぬ精神錯乱の発作に見舞われてしまった。彼は仲間たちに、聖霊が自分を選び、体に宿ったと告げていた。レイノーはいささか懐疑的な態度を示したが、ロドリーグは気を失い、さらにそのため命を失うほどの痙攣に襲われた。

評議会では、興奮状態が信者の間に広がり、オテル・ド・ジェーヴル全体が、外からでもその振動が感じられるほどの興奮に襲われていた。それは、二人のサン＝シモン主義者を対立させた論議の後に、互いの腕に飛び込み、教皇（最高権威）は完成した！と叫んだときだった。それはまた、モーの司法官であるロビネ判事が、所有する全財産をセクトに遺贈した後、迷い込んだモンシニー街の館で亡くなった時期でもあった。(5)

とはいえ、信徒たちは教父の仲を引き裂く抗争を嘆き悲しんでいた。

「祭の装身具で立派に着飾り、華麗なその声は旋律豊かで、戸外に出れば強力なこの家族も、館にあってはまるでボロ切れ同然である。親密さといっても、とげとげしく不協和音でいっぱいである。宗教心といったら無神論者そのものだ」

あるとき、ミシェル・シュヴァリエと評議会の仲間たちが解決策を通すことに成功した。階級の頂点に三頭政治が置かれたのである。

「以後、サン＝シモン主義の権力はすべて、我らの三人の教父、アンファンタン、バザール、ロドリーグ、この三人を結びつけている深い絆の上に立脚する」

だが、この三頭政治も主要な役割を担うものはアンファンタンであり、またバザールがこれに同意したのは、あれこれと引き延ばした末のことだった。

フルネルは書いている。

「家族に大きな喜びをもたらしたこの和解が生まれたのは一一月八日火曜日だった。バザールはアンファンタンが議長職に就くことを承知した。それは午後の四時だった。クレールはこの嬉しい知らせをアンファンタンに届けてやりたいと懇願した。しばらく抵抗した後、バザールはこれに同意した」

クレール・バザールは当時「得意満面」で、夫のバザールを好きなように扱っているように感じられ、そしてその目は「これこそ私の仕事だ」と物語っているようだったとルルーは伝えている。さらにまた後に彼女はあるときルルーにこう言っている。「教父バザールは終わった、もう彼はもう年をとりすぎているから」と。

クレールの態度は数日前から不可思議だった。彼女はアンファンタンが自分を彼の傍らの「教皇職」に引き上げたいと思っているようだった。彼女とバザールの離婚の噂は当時モンシニーの館に広まっており、アンファンタン夫人はこれに非難の意志を示すために、以下のような手紙を息子に送った。

「指導者はこうして自分の力を示すものですか。この別離に同意して、あなたは思慮分別を表そうとするのですか。……残念ですがあなたがこの混乱の因でしょう。あなたはこれからサン＝シモン教義の唯一の指導者となることを宣言するでしょうし、また完璧を期して、あなたはおそらく切り捨てた指導者の妻とその子供たちを受け入れていくことになるでしょう……[6]」

クレールとバザールが結婚してからすでに一八年が経っていた。彼らには二人の子供がいた。その結婚計画、もし万一アンファンタンがそれを思いついたとしても、彼にそれを放棄するように促したのはこうした理由なのだろうか。いずれにせよ、彼とクレールとの間には何らかの仲違いが生じたのだ。事実、翌日、バザールとアンファンタンとの別離は遂行され、そしてクレール、かつてアンファンタンにその勝利の知らせを大きな喜びをもって伝えたこの女性が、モンシニー街のアパートを去るにあたってフルネルにこう書き送っていた。

「私のアパートなど残しておかないでください、もう絶対に戻ってはきませんから。あのぞっとするような壁は耳をよごす悪魔のような不敬な言葉や、できれば是非とも忘れてしまいたい嫌な言葉を絶えず私の耳に繰り返し語りかけてきたからです」

さらにまた数週間後にはセシル・フルネルにこう書いている。

「たった一本のピンでも命懸けで探さなくてはいけないとでもいうように、あの恐るべきモンシニー街は絶え間なく私を責め苛んできました。……けれども、善人と悪魔との闘いでは、悪魔が強者であってはならず、そしてアンファンタンこそかの名高い悪魔だったのです」

バザールが和解するはずがないのと同様に、クレールの憎悪心も和らぐことはなかった。バザールは卒中の発作に襲われた後も依然として持ちこたえ続けなくてはならなかった闘いの疲労感や、アンファンタンとの断絶に続く失望感のどちらも克服できなかった。彼は隠遁していたセーヌ・エ・マルヌの小村で息を引き取ろうとしていた。その日、クレールはアンファンタンと彼に付き従う四〇名ほどの弟子たちが夫の遺体に近づくことさえ頑として許さなかった。

＊＊＊

バザールの離反はパリと同様に地方でもすぐに大きな反響を呼んだ。アンファンタンはサン゠シモン主義を脅かそうとしている大きな危険を察知した。分裂が生じたのは一一月九日だった。彼は一九日から教団《コレージュ》を召集した。そして、その場で行なった記念すべき講演で、彼は大事をとり隠遁生活に入ることを示唆した。彼はその道徳を語るにあたってこう述べている。

「これは信条《ドグマ》ではない。ひとりの人間の意見である。将来にあっては、道徳律は女性の手でのみ啓示される。そのときまでは、私たちを取り囲む社会の風俗習慣から非難される行為はどんなものであれ不道徳となるだろう。なぜなら教義にとっても私にとっても有害なもの、それは我が子が私にもたらす愛着の消失の最も大きな証拠とみなすからである」

この釈明では教団《コレージュ》内を覆っている怒りは鎮められなかった。初期のサン゠シモン主義者、なかでも最も有力な何人かは、ときとして激しい口調で引退の意志を明言した。最初にピエール・ルルー、次いでカルノーがそうだった。彼は言った。「あなたの教義は不義密通行為を制定することになるでしょう」。ジュール・ルシュヴァリエが彼に続いた。「私はもうサン゠シモン家族を認めません。そうです！　サン゠シモンさえも、さらにその後に付き従った人たちも、要するにすべてのものが疑問に思えるのです！」　さらにアベル・トランソンもこう言った。「私は敬虔な人間です。私にそれを教えてくれたのはあなた、教父アンファンタンですよ。そして私が退くのも、もうあなたのうちに宗教が認められないからなのです。……私は旗手ですが、もうあなたの旗手ではありません」。

次は、純粋で寛大なフルネルの番だった。続いてシャルトン、カズーというように。

だが、サン゠シモン主義教会を退かず、逆に最も激しい態度を示したのはジャン・レイノーだった。「教父アンファンタンは、自ら予言したことを女性が正当化するとはっきり信じているからこそ、何も恐れず歩んでいるのです。私といえば、女性の存在が彼の頭に重くのしかかってくるだろうと信じています。しかし、女性が立ち上がるまで待たなければならないし……また私たちは皆を教義に導いてきたけれど、そのことに私たちは大きな責任を持たなくてはなりません。私は教父アンファンタンのこうした人びとへの影響力が心配でなりません。彼のそばにいて、彼がどのような人間なのか、ありのままを皆に示してやるつもりです！」

アンファンタンがレイノー自身にどれほど大きな影響力があったか、また統率者としていかに大きな権力を備えていたか、ここにはっきりと現れている。

最も古くからの仲間から非難や離反を受けて動揺した彼は、新たなこの打撃でがっくりしてしまっただろうか。少なくとも怒り心頭に発しただろうか。そんなことはまったくなかった。皮肉たっぷりな言葉を浴びせ、仮借なき毒舌を投げかけて、こうした攻撃を阻止する力を見つけようとしていたのだろうか。それどころではなかったのだ！　彼はレイノーを褒め称え、その叛逆を組織の枠内に止めおこうとしていたのだ。

彼は身を起こし、そしてとても落ちついた態度で聴衆の方に体を向け、静かな声で言った。

「レイノーだけが高度なプロテスタンティスムを理解している。私は彼が偉大な人物であることを知っている。彼が偉大な人物に思えるのだ。彼は人が抗議しなくてはならないところでちゃんと抗議しようと思っている。バザールのいるべき場所、それは別のところにある！」

こうして騒然としたなかで、信者らは大混乱に陥った。離教者は大声を上げて抗議したが、聴衆の大部分はアンファンタンのもとに駆け寄り、その腕に身を投じた。罵詈雑言に続き称賛の叫び声が生じた。

——教父よ、あなたこそ愛の生きた定義です！

——教父よ、あなたのなかにこそ神が宿っている！

——教父よ、あなたの心は愛の教会です！

——教父よ、太陽を信じているように、私はあなたを信じています！

——教父よ、私はあなたを愛しています！　いや、愛しているなどということ以上です！……あなたの一瞥、もしそれが非難の意を表すものならば、それだけで私は気も失ってしまうでしょう！

——神はこれほど落ちつき、穏やかな顔をし、またこのように崇高で気高い姿をした人が他の人間と対立した立場に身を置くことができる――神が彼を利用したのは彼らの心を捉え、彼らを破滅させようとするためだったのに――などということをお許しにはならなかった。

――このお方こそ人類の長なのだ！

にもかかわらず、なお幾たりかの反対者が必死に発言を求めた。しかし、アンファンタンは今度こそ遠慮なく彼らを追い出してしまった。

「我々はすべての人の抗議を耳に入れることなどできません。そのなかで最も主要なものだけを聞くことができました。……もしここでなお我が身に引き受けた私の権威に対して抗議の声を発するものがあるならば、どうかここから退去していただきたい」

もう誰も動こうとするものはいなかった。こうしてアンファンタンはこの闘いに勝利した。

＊＊＊

離脱者の運命はさまざまだった。

バザールは妻の熱心な助力のもとに、地方の「教会」をアンファンタンから解放しようと空しい努力を重ねながら、かつての同士を痛烈に攻撃し、さらに自身のためにサン＝シモン教義の正統的な解釈を引き受ける『道徳的、政治的、宗教的議論』という題の激烈な小冊子を出版した。

だがこの小冊子も、アンファンタンの父やその縁者のニューグたちを除いてほとんど成功しなかった。

この作品に関して、ブレーズ・アンファンタンは息子宛にこう書き送っている。

「あなたの教義に関してこれほど厳しい矢を放っている人はいないでしょう。テレーズ（ニューグ）はあなたの作品を読むのを楽しみにしていたけれど、今はもうすっかり嫌気がさしています。あなたに向かい、悪鬼とか豚野郎などと聞くに耐えない言葉を浴びせかけている始末だからです」

しかしアンファンタンは従姉妹の嫌悪感も決して長続きしないことを承知し、彼の方でも事態をかなり軽く受け取っていた。彼は母親にこう書いている。

「バザールはかつて陰謀家としての習慣と秘密めかした行動で、平和を好む人たちを怖がらせていたのです。レイノーについていえば、彼の怒りなど何の効果ももたらすことはできず、そんなものは妄想にすぎません。いちいち彼らに構っている必要はなく、最良の方策は連れ戻すことなのです。我々は前進し、彼らは立ち止まっているのです。我々がつねに前に向かって進んでいることがわかれば、彼らは我々に追いつこうと走ってくるでしょう」

アンファンタンが誤ったのはまさにそこだった。バザールは敵対したまま死んでいった。レイノーもカルノー、ルルー、シャルトンらと一緒に『ルビュ・アンシクロペディック』を再開した。彼はその中心人物であり、まだほとんど世に知られていなかったが、非常に純粋で崇高さに溢れた新しい哲学を構築した作品『大地と空』を発表し、「人びとの心に感動や魅了などというものを超えて、驚愕や驚嘆を生じさせていた」。

トランソン、ルシュヴァリエ、カゾーらについていえば、サン＝シモン主義と並び不確かな道を辿っていたフーリエ主義へと移っていった。

戻ってきたものといえば、フルネルとアンファンタンが厳しく叱責し、そのため急いでサン＝シモン教会のふところに戻ってきた第二段階の若く魅力的な女祭司ヴェチュリ・エスパーニュなどの有力な離脱者だけだった。

「私が今謙虚に頭を垂れているのは純粋に喜びに満ちた心からです。そしてあなたにこうお伝えしにきたのです。教父よ、私は誤っていました。私は信じていなかった生活を喜んで取り戻し、あなたを信頼し、愛し、付き従っていきます」と。

アンファンタンのそばには立派な首脳部が残っていた。信頼できる支持者ミシェル・シュヴァリエ、最も古い友オランド・ロドリーグ、最良の演説者バロー、その他デュヴェリエ、タラボ、ローラン、デシュタルなど。

教派の分裂から、すぐに道徳律の発表が急務であることが明白になった。しかし、その道徳律は対、の司祭を構成すること以外にありえなかった。ところで、このカップルについては、位階は半分しか所有していなかった。アンファンタンはいまだ対になっていなかった。そのため、熱を込め、もう夢中といってもいいくらい、偉大なる女教父、女性メシアの探索に取りかかった。

至高父はアデール・モルラーヌと別れ、彼女が息子と暮らしているサン・マンデの館には二度と足を運ばなかった。彼は従姉妹のテレーズ・ニューグに激しい愛情を抱き、彼女と絶えず文通を交わしていた。しかし、テレーズがその愛情を受け止めたとしても、すでに見たように、彼の唱える主要な思想は少しも共有していなかった。

教母としてかもしれないが（それは明瞭ではなかった）、いずれにしても同伴すべき女性を見つけようとして、アンファンタンが当てにしたのはクレール・バザールだった。仲間が離反していく数ヶ月前、彼女にこう書いている。

「バザールにとってのあなたの存在と同じように、私にとっては女性が必要です。……女性とのめぐり合いの助けとなるのがあなたであり、姉妹のようにそうした女性を心優しく両腕を広げて出迎えてやるのもあなたの仕事なのです」

だがクレールは出ていってしまった……。

信徒の議論でしばらく中断されていた夕食会やコンサートやパーティが再開された。そこには鳴り響くような笑い声もわき上がっていた。当時のモンシニー街の夜会や夜の光景がどんなものだったか、それを推し量るのはなかなか困難である。文芸欄担当者リベールの言を信じれば「汚らわしいパーティやおぞましい大祝宴を催すこの異教徒が差し出すものといったら、これほど虫唾が走るものはないほどだった」と。

これとは逆に、サン＝シモン主義者シャルトンはこうした示威行為を実に無邪気に描いていた。

「豪華な夕食会の後でパーティが開かれた。多くの人が出席し、一番きらびやかだったのは木曜日のパーティだった。どんな舞踏会だろうと、あるいはどんな文学者や外交官の会議と比べてみても、この集会の正確なイメージはつかめないだろう。賭け事など一切行なわれなかったし、踊りも滅多に行なわれず、ときたまワルツを踊るのが精々だった。

ホールのあちこちをそぞろ歩きをするものもいれば、ソファーの前で足を止めているものもいた。ときおりピアノに合わせて歌う声も聞こえてきた。すると、会話はぴたっとやみ、皆半円形になってホールにひしめきあった。

ご婦人方もこの集団の輪に加わり、素朴な才知をちりばめながら、人類の苦しみに関する議論に参加していた」

確かだったのはアンファンタンがしだいに大胆な、否スキャンダラスとも形容できる道徳《モラル》を説教し始めたことである。彼は連続する結婚を容認し、しまいには完全な性的自由を考えつくに至った。それでも長期間ではなかったものの、ただ一つの難問が彼を引き止めていた。それはこの慣習が父性に不確実性を与えかねないことだったからである。この難問は未来の女性によって解決されると提起してこれを回避したのである！　いくつかの制限を敷き、婚姻外の関係にとって必要な規制を決めるのはこの未来の女性なのだと。

幾人かの弟子に不安を抱かせ続けたこの「自由放任主義《リベラリスム》」も、これにすっかりはまりこんでしまうものもいた。デュヴェリエは『地球』の社説にその熱狂ぶりをこう表している。

「かつて一度も目にしなかったようなものがこの地上で目にできるのだ！　類例のない、また名づけようもない愛情――なぜなら、その愛情は冷めたり嫉妬したりという感情が一切ないから――で結ばれた男・女の姿が目にできるだろう。男と女は互いに支え合いながら、幾度も結ばれ、いわば、その愛情は会食者の数と選択の質に応じて壮麗さを増していく崇高な祝宴と形容できる」

今度という今度はもう容赦しなかった。司法当局が介入してきたのだ。その理由はもちろん道徳上の問題という以上に政治的なものであった。なぜなら、良俗を乱す存在であることは既存の社会が脅かされたときに初めて気づくものであるから。しかし、捜索を正当化したのはスキャンダルであった。デュヴェリエの記事が出てから一〇日後の一八三二年一月二二日正午、テブー街での説教を主催しに出かける準備をしていたアンファンタンとロドリーグは、オテル・ド・ジェーヴルの出口で市警察の分遣隊にぶつかった。彼らは二人の教父の行く手を遮り、彼らに外界との接触を全面的に禁じてしまった。ほどなくして、その仕上げに国民軍第八歩兵小隊、第五二選抜歩兵中隊、軽騎兵中隊などの手によりモンシニー街の封鎖が行なわれた！

この間に王室検事がテブー街の説教会場に出向き、バローの激しい抗議の叫び声など物ともせず、部屋の人びとを立ち退かせ、扉に封印をしてしまった。

午後モンシニー街の捜索が行なわれた。サン＝シモン主義家族集団は逮捕状が向けられた教父の周りに集まっていた。教父の要請に基づき、彼らは弁護士と教父だけを残して解散した。最後に司法官たちは教父の手紙、『地球』の文書の一部、帳簿書類を持ち去って引き上げていった。

主たる告訴箇条は以下の通りである。結社、集会違反（二九一条は無許可での二〇人以上の集会を禁じていた）、詐欺罪(7)、文書による道徳および良俗紊乱罪。

この件の証拠調べは、当初はさほど円滑にいかず、ゆっくりと続けられていった。本当の意味でサン＝シモン主義者に精神的動揺を与えたのはテブー街の説教場の閉鎖のみだった。しかし、アンファンタンは冷静沈着に迫害に対処した。彼は言った。「そうだ、そんなことは決してないだろう。ひとたびサン＝シモンの熱気に身を焦がしたものならば、嘲りを浴びようが誹謗中傷されようが、そんなもので熱気が弱まったりしないのだ」。

数日後、彼はこれとはまったく別の困難に直面する！

＊＊＊

バザールの離反に続いて、ロドリーグの離反がサン＝シモン主義家族集団に厳しい一撃をもたらそうとしていた。この新たな試練は司法当局の介入が行なわれてからわずか二週間後の二月に襲ってきた。

バザールの離反と同様に、ロドリーグのそれも教理および倫理上の理由から引き起こされたものだった。バザールと同様、ロドリーグもアンファンタンの性道徳に賛同できなかったからである。とはいえ、それでも至高父への称賛の気持ちが非常に大きかったから、彼は教父の後に付き従っていた。

アンファンタンの極端といっていいほど行き過ぎた言動の数々はついにその友に反旗を翻させてしまった。ロドリーグはどんな子供でも、せめて自分の父親だけは確認できるようにしたいと望んだのだ！　その要求はささやかなものだった！　にもかかわらず、アンファンタンはそれを行き過ぎた介入とみなしたのである。

しかし、ロドリーグは位階とその長に深い愛着を抱いていたから、もしアンファンタンが思わず唖然としてしまうような配慮に欠けた態度をとらなかったら、おそらく再度復帰に応じただろう。

二人の教父間の論議では、ロドリーグはつねに、キリスト教倫理の枠を外れては考えられない夫婦の幸福を指摘していた。ある日、激論が交わされた後、アンファンタンは突然皆の前で彼に一通の手紙を示した。それは何の疑うこともなかった妻ユーフラジーの浮気を示す手紙だった。その手紙のなかで、彼女は再度自由を取り戻すため、教父アンファンタンに夫からの解放を乞い願うものだった。

思いがけないこの手紙の朗読がロドリーグにどんな結果をもたらしたか容易にわかるだろう。しばらく放心状態だった。ややあって彼はこの告白文を読み返し、アンファンタンはこの告白文を曲解し、さらに妻を中傷していると勇気を振り絞って述べたてた。続いて中断されていた議論を再開した。しかし、精神的苦痛を受けた彼は、心に癒しがたい傷を負ってしまっていた。

アンファンタンのもたらしたこの無礼な行為を一体どう解釈したらいいのだろう。ロドリーグが妻に示していた盲目的姿勢に苛立つあまり、辛抱の尾が切れてしまったからか。それとも単なる悪意からそうした行動に出たのか。もちろんそのどちらでもない。アンファンタンは図太い神経の持ち主だったし、また仮に多くの欠点があったとしても、悪意などというものとはまったく無縁な人間であった。その不可思議な行動は、魅惑的な態度物腰を備えたこの誘惑者が、目的に到達するため他の手段ロドリーグはアンファンタンの教えは何かを思っていた。いったい、この成熟した人間の姿に、かつて学んだエコール・ポリテクニクでの未完成の宿題の余白に、こう殴り書きした教団《コレージュ》の生徒が再度見出される。

「まず、我々の欲求の対象が何であるかをはっきり知らなくてはならない。次いで、どんな道筋を辿り、いかに早くそこに到達できるかをはっきりと検証することだ」

ロドリーグに夫婦の不幸の証拠を持ち出すことで、アンファンタンは教義上のためらいに決着がつくと判断していた。こうして彼は躊躇なくこの残酷な治療方法を用いたのである。

いずれにしても彼は成功しなかった。数日後ロドリーグは教団に対し、「至高父」の道徳観にはっきり賛同できないこと、だから彼と袂を分かつのだと告げた。するとまたそこでアンファンタンは信じられぬほど乱暴な態度を示したのである。ロドリーグは諸費用すべてを支払うつもりでいたモンシニー街のアパートをこれからも住み続けたいと頼んでいた。ところがアンファンタンはただちにそこを退去するようにと通告したのである。先の出来事と同様に、意地悪さとか遺恨とかの問題ではなかった。だから、ロドリーグに対して決して厳しい言葉を投げかけたりせず、また彼との和解に務めようともしなかった。そうではなく、彼は教会内に離教者がいることを危険だとみなしたのである。だからこそ、ロドリーグにどれほど親愛の情を抱いていたとしても、教会からの追放をためらわなかったのである。

いうにいわれぬ辛い思いだけでなく、また心を虜にするような数々の喜びも体験したこの館を去っていくとき、ロドリーグに付き従おうとする弟子は一人もいなかった。生涯のうちで最も楽しい年月と、持てる巨額な資産を共同の仕事に捧げたこの男、生きているサン゠シモン主義者のうちでも一番の古参で、師の真正の継承者だったこの男は、こうして孤独のまま、手にした地位も奪われたまま去っていった。

心に受けた痛みがあまりに大きかったからだろうか、常日頃から表していた無私無欲の原則と合致しない行動に出てしまったことに驚いてはいけない。彼はサン゠シモンの仕事の独占的所有権を要求し、我こそ新宗教の長たることを宣言し、そして一度ならず、モンシニー街の帳簿に差押えのため封印を貼付してしまった。

ロドリーグの離脱が位階に道徳上や教理上の重大な問題を生じさせなかったとしても、別の面でもまたそれは破滅的な結果を招いた。

サン゠シモン主義家族集団の進捗状況、とりわけ労働者による結合体形成の試みは組織の財政状態を大きく揺るがせていた。進行中の諸企画の継続には巨大な債務が必要であった。しかし、それらの企画にはどうしてもロドリーグの債務保証が不可欠だったのだ。彼が離脱した今となっては、その企画は否応なく放棄せざるをえなかった。

間接的ではあるが、もう一つの出来事が運動の将来に決定的な影響を与えた。

一八三二年の春、コレラがパリに襲いかかったことである。サン゠シモン主義者はこれを好機とみて、絶大な献身ぶりを示した。（サン゠シモン主義）家族の五名の医師は患者の治療に没頭した。我が身の危険も顧みず、無私無欲で事態に対処した彼らは、オテル・ド・ジェーヴルの一部を無料診療所に変えた。だからといって、夕食会、パーティ、レセプションなどは中断されなかった。この恐ろしい疫病の蔓延ぶりがいかにすさまじかったかを思い浮かべるなら、モンシニー街がその感染源にならなかったことを知って驚くほかないだろう。しかし、疫病はほどなくすると終息に向かった。だがそれはアンファンタンに厳しい試練をもたらす因となった。なぜなら、彼の心底愛していた母がこの疫病で四月に命を奪われてしまったからである。

サン゠シモン主義様式の祭儀に則って執り行なわれたアンファンタン夫人の葬儀は盛大な意志表示の機会であった。一〇〇〇人以上もの信徒が行列を組んでペール・ラシェーズの墓地に向かって進んでいった。おびただしい群衆がその後に続いた。墓の傍らで、アンファンタンは同じ年に愛する母を亡くした信者に向かい、私のもとに来てしっかり私を抱きしめてくれるようにと言った。彼らはしとどに涙を流した。

アンファンタン夫人は数多くの付属建造物を含み、また広い庭園に囲まれた広大な屋敷を息子に遺贈していた。これらの建物はモンシニー街よりはるかに経済的な隠れ家を提供してくれるにちがいなかった。アンファンタンはこれからサン゠シモン主義的生活の新たな時代が始まっていくことを感じ取っていた。彼が自らの生活と果たすべき仕事の流れを変えようとする際に決まって示した断固とした意志で聖金曜日を宣言した。

「今日をもって我が人生の一期は完了した。話してきたとおり、これからは行動に移りたいのだ。

とはいえ、私にとってしばしの休息と沈黙が必要である。

大勢の家族が私の周囲を取り囲んでくれ、布教の基礎は確立した。今ここには四〇人あまりの息子が私と共にいる。社会における我らの仕事の継続は残りの子供らに一任し、私は隠遁することにする。私は幼年期を過ごした場所に隠遁することに決めた……」

メニルモンタンでの奇妙な冒険が今まさに始まろうとしていた。

第6章　メニルモンタンの冒険

この時代、メニルモンタンはまだパリ市に属していなかった。それはベルヴィルの壁から半里離れた、庭園や木立に囲まれたちっぽけな小村にすぎなかった。それは頂上からはるか彼方にパリの数々の記念建造物や周囲の田園地帯が見渡せる丘の上――地下鉄「テレグラフ」駅が示すように、現在では首都の一番の高所になっている――に形づくられていた。景観の広がりや、丘を覆う緑の美しさと豊穣さで、ここがパリ人のとりわけ好む場所になっていて、またこの牧歌的でなだらかな傾斜地に沿って数多くのキャバレも建てられていた。実際のところ、その評判はあまり芳しいものではなかったが、だからといって散歩者たちの気分を不愉快にさせるものではなかった。日曜日や月曜日の夕方ともなると、このいかがわしい郊外の酒場は労働者や不良少年や芸術家やアヴァンチュールを求めるブルジョア連中の生き生きした雑踏で溢れかえっていた。

丘の高所、通称「ラ・オート・ボルヌ」と呼ばれる場所にあるこれらの建物のうちでも最も古いものの一つが、かつて警察に包囲された強盗カルトゥーシュが首尾よく脱出に成功した「二丁拳銃のキャバレ」であった(1)。

メニルモンタンの土手道とマロニット小路との間にもう一軒、かつてその所有者が有名な「人買い」で、大物仲介人の手を通じ、運悪く徴兵のくじを引き当ててしまった若者への代替人を斡旋する人物がいた「大舞踏小屋」という名の奇妙な建物があった。

この世紀の初頭には、ほかにもまだまだ数多くの郊外の酒場が色恋雑誌や犯罪記事にニュースを提供していた。そうした名前を聞けば、娼婦や浮浪者がまだなお独自の流儀を持ち、それがどれほど憎むべきものであったとしても、彼らの悪事が現実離れしたファンタジーを帯びてくるという、過ぎ去ったはるか昔の時代が想起されるのだった。坂道を上っていくと、バラの花をもらっていない限り決してパートナーの女性が入れなかった「親切な庭師のダンスホール」とか「緑の格子窓のダンスホール」、丘の窪地の道と同じようにその名も消えてなくなってしまった「三途の川の渡し船」、「グラン・サン・エロア」、「アルシドの庭園」などに出くわした。

これらの酒場でも近年まで生き延びてきたものがたった一軒だけあった。最近までその名残りがリラの門のすぐ近くの城壁跡にあった。それは周囲を茨の茂みに囲まれた廃屋ともいえるもので、そこではこの類の居酒屋にあるように、「胸を壊すような酒」が小売りされていた。しかしその店の看板「ア・ラ・トゥリュイ・キ・フィル」は、そこをお気に入りの待ち合わせ場所としていたパリ地区の居住制限を受けたものたちには周知のものであった。また夜ともなれば、キャバレのウェイトレスが近隣の茂みのなかでさかりのついた雌猫のようにうなり声をあげているといわれていた。

＊＊＊

とはいえ、メニルモンタンがすべて悪所で覆われているわけではなかった。そこではまた、まともな農園や、裕福なパリ人が好んで休息に出かける庭園に囲まれた娯楽用の家屋も目にすることができた。

当時三九番地がつけられ、オート・ボルヌのすぐ近く、現在ピクセレクール小路とメニルモンタン小路がこれに沿って進み、サン゠シモン主義者の路地と称されている一本の路地の横断している場所に、ある広大な所有地が存在していた(2)。

ダルマーニュはサン゠シモン主義者に関する研究書で、それをこう描写している。

「当時この地所はパリの障壁からかなり離れたところにあり、いくつかの庭園やさまざまな野菜畑の真ん中にあった。大きな木製の扉は正面の中庭に通じ、左手は二軒の建物で、右手は一〇〇メートル以上にもわたって菩提樹の木々が植えられた小道で広大な美しい庭園を画していた。一軒の東屋からは広大な眺望が得られた。ベルヴィル、ロマンヴィル、ペール・ラシェーズが目に入ったが、パリの建物は東方の薄靄に隠れてはっきりとは見えなかった」

庭園には美しい大木やリラの茂みがあり、中央には広い芝地がしつらえられていた。

庭園にある小家屋には家庭用の玉突き台が一台備えられ、「人類の教父」は隠遁生活を通じ、弟子たちとその玉突き台で巧みな腕を試すことをあえて拒まなかった。

館自体はといえば、それは数年後売却を任された公証人のバタルディ氏のものであったが、彼の手を借りてそれを描写してみよう。

「裕福な人びとでいつも溢れかえっている館であり、望みうる有益で快適なものすべてが集まっていた。

内部は、いくつかのサロンと食堂、縦四〇ピエ・横二〇ピエの立派な装飾の施された非常に美しい回廊《ギャラリー》があった。さらに浴室が二つとたくさんの寝室、いくつかの執務室とイギリス風の場所、また数多くの鏡があった。一二頭の馬の厩舎もあった。

ポンプを用いて水がどの部屋にも行き渡っていた。鉛製の導管と貯水タンクは二五〇〇〇フラン以上もする貴重品であった。

一言でいうなら、それはパリ近郊の別荘のうちでも最も素敵で快適なうちの一つだった」(3)

エデンの園のような快適なこの住み家で、アンファンタンは四〇人あまりの息子たちと一緒に、瞑想し、「二年前から歩んできた驚くべき道のりを終えた後で、ひと呼吸し、ほどなくしてさらに歩みを速めようとして」隠遁生活を送ることを選んだのだった。

彼は最初に共同体の物質的生活を簡潔なかたちで組織した。次いで皆をはっとさせるようなある明確な意志表示によってサン＝シモン主義の伝統を確立しようと決めた。六月三日、彼は一大声明文「教父の言葉」を発してこう述べた。

「私はもう我が子をあやし、優しく寝かしつける母にはなりえない。君たちは一人前の人間であり、そして私は君たち人間の父なのだ」

彼は六日パリに全サン＝シモン主義者を召集して締めくくった。ついで過去の世界に最後の一瞥を投じて三日間姿を消した。

* * *

一八三二年六月六日午後になるや、大勢の群衆がメニルモンタンの坂道に集まってきた。彼らはどこからみても摩訶不思議で壮麗な光景にじっと見入っていた。事実、丘の上ではサン＝シモン主義者の儀式が整然と執り行なわれていたのに、西方のすぐ近くフォーブール・サンタントワーヌからは、銃弾のはじける音や暴動のどよめきが立ちのぼり、他方ではまた、大砲のとどろくサン・メリの高い丘は砲煙で覆われていた。その日はワグラムの英雄ラマルク将軍の葬儀が執り行なわれていた。このとき生じたデモはすぐさま暴動へと変わっていった。時代は熱狂的で、政治は不確かだった。暴動は革命になる寸前だった。暴動は夜のうちに軍隊の手で鎮圧されたが、それは血生臭い戦闘の末だった。

それに対して、丘の上では、状況はもうまったく平穏そのものであった。サン＝シモン主義者の館に面して広大な土地が広がっていた。彼らはそこで三つの同心円状の集団を形成していた。真ん中の集団にはメニルモンタンの共住苦行者が並んでいた。外側の集団にはパリの街区の中心地および地方の指導者が、そしてその二つの集団に挟まれて、教団《コレージュ》に属する女性連が配置されていた。全員ひそひそとざわめき声を上げ、群衆はこれから重大な出来事が起きることをはっきり感じ取っていた。

二時頃二人の使者が走って到着すると、人びとのささやき声が口から口へと伝わっていった。「まもなく教父さまがご到着になります」。

事実、数分後庭園の出口に、背が高く立派な風采の髭を生やした一人の男が率いる一団の姿が見られた。彼こそ「社会」で成し遂げた三日間の隠遁生活から再び姿を現した教父アンファンタンであった。傍らには不即不離の友ミシェル・シュヴァリエが、さらに銀行家のデシュタル、リヨンの両替商委員オルスタイン、肉屋の見習い店員デロージュ、教父の人格にことのほか魅了された青年ノルマリアンのオーギュスト・シュヴァリエがいた。

至高父が姿を現すと、三集団は歌い始めた。

さあ教父様、さあ！
神に栄光あれ
キリストは弟子のもとを去るとき

こう言いました――気をつけなさい、彼らは眠っているのだから。あなたは私たちに言いましたね――仕事をしなさい。こうして今あなたはここにおられます。責務は完了したのです。

実際、キリストが使徒に委ねた務めと、アンファンタンが弟子に命じた土台づくりの作業とを比較するのは少しばかり厚かましいかもしれない。だが、サン＝シモン主義者にとって、どんな場合であれ、厚かましさは必要不可欠だったのである。

坂道を上りきると、アンファンタンは目の前に開かれた輪に入り、その真ん中で足を止め、やおら聴衆に向かいしばらく視線を巡らせていた。歌声がやむと、皆の顔に法悦の表情が浮かんだ。

すると教父はバローの方を向いた。

「私の不在中何が生じたかね」

バローは答えていった。

「教父様、あなたの三日間にわたる不在中、私の兄弟シュヴァリエとフルネルそして私に委ねられたあなたの子らは、今こうしてあなたの前におります。私たちは全員うち揃ってあなたの前におります。あえて申せば、全員が今まで以上に向上した人間になっております。なぜなら、あなたが出発にあたって残してくれた言葉は私たちの中に芽吹き始めてきたからです。あなたは述べてくれました。務めを果たし、瞑想しなさい！と。私たちはそれに従ったのです。

今私たちは、もはや文字で記された宣言を民衆に投げかけるのではなく、生ける宣言としてその集団に身を投ずる用意ができております。世界と私たちとを結びつけるすべての紐帯を勇敢に放棄することを要請するこの仕事の完遂のため、教父様、それが私たちに相応しいと判断なさったなら、どうかあなたの口から教服が必要だと述べてください。すでにこの館の塀は私たちの分離の最初のシンボルでした。けれどもそれだけでは十分ではありません。私たちの身につけた絹の衣服が永遠のしるしとなり、あなたが神から賜り、私たちに委ねてくれた使命の永遠に存在する旗であってほしいのです」

このとき、フォーブール・サンタントワーヌから上ってきた銃撃戦の音が演者の演説を遮るほど激しくなった。それはサン゠シモン主義者にとって、あたかも「生ける宣言」とでもいうように、乱闘に身を投じるときだったのか。控えめな態度で、アンファンタンはサンタントワーヌ地区の責任者であるカボーシュを呼び、彼にその地区の子らと連絡を取りにいく任務に就かせた。

彼は尋ねた。

「用意はできたかね」

カボーシュは答えた。

「はいできました、教父……でも誰か同行してくれる人がいるといいのですが」

「その答えでお前に用意ができていないことがはっきりとわかった。お前には任務を外れてもらいましょう。オアール、お前が地区の指揮にあたりなさい」

オアールは砲兵隊隊長であった。彼は戦闘に怯えたりしなかったから、即座に出発した。

こうして、アンファンタンは共住苦行者たちの心を虜にしてしまう魅惑的な眼差しで見渡すと、息子の一人ステファヌ・フラシャがいないのに気づいた。

「ステファヌ・フラシャはどこかね」

バローは言った。

「教父、彼は退きました」

「あなたは許可したのですか」

「そうです、教父、でも退くに際し……」

「もうよろしい！　それを許可したかどうか尋ねているのです」

「そうしました、教父」

「あなたも彼も立派に成し遂げました。いずれ彼は戻るでしょう」

そのとき人混みのなかで声を上げるものがいた。

「教父、私はここにおります」とフラシャが前に進み、大きな声で叫んだ。

アンファンタンは優しい眼差しで彼を見つめた。

「ステファヌ、あなたは私たちの館の外での瞑想が必要です。今のところ、あなたの生活はここにはありません。後にまたここに戻っていらっしゃい。あなたを待っていますから」

するとステファヌは優しく抱きしめてくれるアンファンタンの腕に飛び込んでいった。

こうした出来事に決着がつくと、アンファンタンはアグラエ・サン゠ティレールに体を向け、こちらに来るようにと合図した。彼女はオルスタインが着いたときに渡してくれた包みを手に抱いていた。輪のなかに入ってくると、その包みにはひとりの幼子が入っていることがわかった。アンファンタンはその幼子を手に取り抱きしめた。

彼は言った。

「これは私の息子で、決して忘れることなどできないけれど、私が自ら望んで別れた女性の子供なのです。アグラエはいずれこの子をセシル・フルネル宅にいる彼女の母に渡してくれると思います。この三人の女性のおかげで私の過去は軽やかになるでしょう。今の私の心は平静そのものです(4)」

こうして落ち着き払った態度をみせ、父親としての義務を果たしてから、彼は幼子をアグラエの手に再び渡した。誰もがこんなことよりもっと重大なことを体験しようとしていた。

事実オーギュスト・シュヴァリエが手に服を乗せて進み出てきた。

すると教父は厳かに声を発してこう述べた。

「過去の私の人生は終わりました。今や神は私にあなたたちと共に、あなたたちのために、新たな生を授けてくれたのです。かつての位階は消失しました。これからは、期待でなく行為に鑑みて、あなたたちの序列が指定されるでしょう。今日あなたたちに与える着衣は、あなたたちの間に樹立したいと願っているこの平等の印なのです。私たちはこうして民衆の前に出るのです。あなたたちの着衣にあなたたちが手にする位階章をつけるものこそ民衆なのです」

こうして、教父は古い衣服を脱ぎ捨て、新しいサン＝シモン主義の衣服を身につけた。画家レイモン・ボヌールの作ったこの服は青色のラシャの上着、白のズボン、上に赤色の太字で「教父」(5)と刺繍の施された赤で縁取りされた白いチョッキから出来ていた。

アンファンタン自ら考案したこのチョッキはこの服のうちでも一番重要なポイントであった。実際その服は着るのに大層手間がかかった。なぜならボタンが服の背後についているため、どうしても他人の手を借りねばならなかったからである。だがその服が象徴するところはまさしくそこにあったのだ。

アンファンタンは言った。

「共和主義者は、このチョッキを自由の抑圧の象徴とみなして不平を漏らすかもしれない。でも、それこそ着るたびに団結という感情を思い起こさせてくれる利点があるのです」

しかし共和主義者は少しも不平不満など漏らしはしなかった。

この服装は仕上げに黒革のベルト、首にゆったりとなびくスカーフ、赤いトック帽を被ってすべて完了した。

教父が服を着終わるや、サン＝シモン主義者の館のテラスの上に置かれたポールの天辺に旗が掲げられた。それは宗教、科学、産業を象徴する白、紫、赤の三色の横縞からできていた。

そのとき教父は言った。

「子らよ、私はもう今後お前たちを抱擁することはありません。私たちは相互に父性、保護、友愛の印を交わすことになるのだから」

オルスタインを呼ぶと、右手でオルスタインの右手を取り、そして左手をその右肩に置いて言った。

「これが父性の印なのです」

彼らは互いに両手を組んだ。

「これが保護の印です」

それから彼は右手を仲間の左肩に置き、それからその仲間の左手を自分の右肩に置いてもらった。

「これが友愛の印です」

続いて使徒らの着衣式が行なわれた。

「バロー」と教父はその名を呼んだ。「……用意はいいですかと聞いたりしませんよ！」

続いてミシェル・シュヴァリエ、フルネル、デシュタル、デュヴェリエらがやってきた……。

七人の使徒が用意できていないと告げると、継続する俗世の布教活動にまわされた。

着衣式が終了すると、アンファンタンは告げた。

「日曜日に我々は母の墓前に向かうつもりです。……そこから、一八一四年、かつて私が理工科学校の制服を着て大砲に弾を込めたヴァンセンヌの道へと辿っていくつもりです。さらに私が自らの手で皆の前にさし出したこの子の出生地を訪れるため、サン・マンデに行くつもりです。こうして最後に、私の過去をひと巡りしてから、一緒に我々の未来に備えるため、全員またここに戻ってきましょう」

教父は輪を解くと、家族は歩き始め、厳粛な面持ちで隊列を組み、次のように歌いながら館に戻っていった。

さあ市民よ、労働者よ
仕事は我々を平等にしたのだ
一緒に大地を耕しながら
みなに新しい人間を見せてやろうじゃないか……

＊＊＊

共住苦行者には女性の姿はなく、全員厳しい独身生活の誓いをたてていた。なぜなら彼らが真のサン＝シモン主義の夫婦を形成できるのは、「機械的に従属し、また古い道徳にひそかに反抗する」過去の女性と結びつくことではなかったからだった。この規律は既婚の弟子にはとても辛い思いを抱かせた。この犠牲的行為で教団からの一時的な離脱という代価を支払ったフルネルはとりわけそうだった。

女性はいなかった。同様にまた召使いもいなかった。なぜなら新生活はまずは身分の完全な平等から、そしてさらにもっと立派ないくつかの理由のために始めなくてはならなかったからである。

こうした条件下では、どんな仕事も共同体の構成員の間で分かち持たれなくてはならなかった。ここに最初の作業表を記載してみるのも一興だろう。これを一瞥すると、名声を約束された人物が予想外の役割を担っているのがわかる。

料理長：レオン・シモン　助手：プイヤ
料理人：ユッソンとフランソワ
事務長：アレクシス・プティ
洗濯：ブリュノー、テルソン、デロージュ、フランコニー、ベルトラン
給仕人：トシェ、デセザール、メルシエ
至高父の世話：オーギュスト・シュヴァリエ
庭園管理人：フルネル、オリヴィエ、ローブ、ルッソー、レイモン・ボヌール、タジャン・ロジェ
給仕長：ミシェル・シュヴァリエ、リゴー、オルスタイン
音楽指揮者：デュヴェリエ、フェリシアン・ダヴィド
床のワックスかけと床磨き：デシュタル、ランベール
食器洗い：デュゲ、デュステュス
被服係長：タラボ
ワイン係：デロージュ

全体的な秩序維持と監督：バロー、フルネル、ミシェル・シュヴァリエ
食糧・物資補給係：オリヴィエとペヌティエール
機械修理工：リゴー
土木・工事作業：その他の者

時間割は修道士のような厳格さ、もっと正確にいえば、軍隊的な厳格さと言ってよかった。

五時――起床
五時半――点呼
六時――作業
八時――食事（スープ）
八時半――作業
正午――パンの配給
正午から一時――休息
一時――居室訪問
三時半――歌
四時半――着衣

五時――夕食
九時――点呼、就寝
九時半――消灯

献立は質素だった。平均的出費は一人あたり一日一・四八フランを越えなかったからである。衛生管理も厳格で、毎日必ず足を洗うことも義務として課せられた。

この厳格な規律を守らせるためには、懲戒と報償を優先させる必要があった。懲戒は職務の解任にあったが、除名にまで及ぶこともあった。報償についていえば、その最も高いのは教父の食卓への同席を認められることであった。

一方で懲戒、他方で立派な使徒に約束された忘れがたい報償にもかかわらず、もめ事は次々に起きた。大部分は独身生活の誓いへの違反――アンファンタンはその点については一歩も譲らなかった――がその原因だった。ステファヌ・フラシャの除名にまで及んだこうしたもめ事の一つはすんでのところで悲劇的な結果をもたらすところだった。それほど深刻でなかったもめ事といえば、使徒の二人が身持ちの軽い女に寄せた恋心から引き起こされたものだった。とはいえ、こうした出来事は結果的にミシェル・シュヴァリエが司る特別法廷をつくる因になってしまった。

家事労働の辛い任務はメニルモンタンで展開されている知的・芸術的生活の妨げとはならなかった。天文学、地理学、音楽などの講座が開設されていた。とりわけアンファンタンは平穏な隠遁生活を利用し、生涯で最大の仕事とみなす『新しき書』を構想していた。

とはいえ、この著作の執筆者は教父ひとりではなかった。これを完成させるため、彼はバロー、フルネル、ミシェル・シュヴァリエ、デュヴェリエ、シャルル・ランベール、タラボ、デシュタルなど七名の弟子から成るスタッフを招集していた。新しい宗教の教理と言葉を決めるこの壮大な仕事に取り組むために使徒が集められたのは深夜だった。『新しき書』はアンファンタンの著作のうちでも出版されなかった唯一のものであるが、その原書は現在アルスナル図書館に保存されている。

『新しき書』は奇妙でまた味わい深い内容の書である。基本理念のいくつかをライプニッツから、果てはプラトンにまで借用していることから、ほかに類例のない特異な書と言っていいかもしれない。確かにそこに含まれる各部分の大半は斬新で、時に思わずはっとさせられる先見的な内容から出来ていた。この書の目的は真理の探究とその数学的な表現である。こうして形而上的で道徳的な問題は代数、幾何、確率によって解かれ、また人間は愛情、知性、活力という三つの助変数によって定義されている。言葉それ自身——その形式は思考の発展に必須のものであるが——は代数の公式と幾何学の形式に依存するとみなされている。例えばこういう具合である。「革命的な数学者たちがその聖域から追い払おうとした神は、あらゆる概念に活力をあたえるため、かつてないほどまばゆい光を放ちながら、再びそこに姿を見せるであろう」。

水曜日と日曜日の週に二度メニルモンタンの共住苦行者たちはその隠遁所の扉を民衆に開放していた。一〇時から午後四時まで民衆が大挙してそこを訪れた。日曜日によっては、サン゠シモン主義者が最近手にした評判、その儀式のなかで目にできるかもしれないと期待した秘儀が、修道院の芝地に一万人以上もの野次馬連を引き寄せることもあった。皆は使徒の食事風景を見物し、さらにまた彼らが惜しみなく振りまく唄に耳を傾けていた。唄のなかでも一番成功を収めたものは「ここに新しい光がある」、「民衆よ、もし我らの声が求めたら」、「民衆の救済」、伝統的な曲で、フェリシアン・ダヴィドの魅力的な作品「天体のワルツ」などであった。

次いで使徒たちは見学者と混じり合い、アンファンタンとシュヴァリエから注意深い監視を受けながら、宗教的な問題や社会的な問題を気さくに論じていた。二人が監視した理由は、弟子によってはこれを好機と捕らえ、乙女に向かい「不意をついて、眉をひそめさせる」行動に出るものがいることに気づいていたからである。

初めの数週間からメニルモンタンの丘に新たに多くの人を引き寄せたこの成功ぶりは、結果として、不幸にもモンシニー街で始められていたサン゠シモン主義者への情報収集活動をことごとく許し、また彼らの活動を不安な面持ちで追求し続けていた官憲の注意を招いてしまった。

この幸せな修道院に最初に混乱の種を持ち込んだのは警察署長のメグレである。このメグレこそ、ある好天の日曜日に祝宴を中断させ、見学者を退去させ、教父への尋問を主張したベルヴィルの警察署長であった。教父はミシェル・シュヴァリエを通じて彼を招き入れた。

シュヴァリエは言った。

「あなたがここで目にしているこの大勢の人たちは、毎日曜日私たちのもとを訪れ、私たちの唄に耳を傾け、私たちの簡素な食事にうやうやしく参列しようとやってきた人たちですよ」

署長は退去したが、翌水曜日に再び訪れ、再度館にいた全員を退去させた。三日後彼は以下のような厳しい指示を与える王室検事から一通の書簡を受け取った。

「いわゆるサン゠シモン主義者協会は二度の捜索により、明らかに刑法二九一条(6)規定違反の警告を発せられた。彼らが行なういかなる集会も違法行為であるから、家宅捜索調書を通じて速やかにその違法性を証明してもらいたい」

こうしてメグレ署長はメニルモンタンのガーデン・パーティーの常連になった。とはいえ、狡猾な彼はいつもその場に単身で乗り込んではいかなかった。七月八日の日曜日には、第一線部隊の兵士一〇〇名を引き連れて館に入り、アグラエ・サン゠ティレール、セシル・フルネル、マリー・タロンらと共に教父が夕食の給仕を受けていた芝地に有無を言わせず座り込んだ。さらにまた一一日の水曜日には、今度はまた国民衛兵分遣隊を率いてやってきた。

七月一三日、とうとうミシェル・シュヴァリエは予審判事に召喚され、教父と他の幾人かのサン゠シモン主義者を対象とした起訴が通告された。

理不尽な迫害の結果、メニルモンタンの冒険は終わりを告げようとしていた。それが予想外に早かったため、残されたものといえば奇妙な服装の集団という印象以外に何も残らなかった。

第7章　物見高い裁判

裁判所への出頭は八月二七日に決まった。アンファンタン、オランド・ロドリーグ、バロー、ミシェル・シュヴァリエはテブー街の居室で開いた集会に対し、刑法二九一条違反の廉で起訴された。ロドリーグを除く他の同じメンバーはメニルモンタンでの集会に関する刑法二九一条違反の罪で、アンファンタン、シュヴァリエ、デュヴェリエは彼らの述べる諸々の教えや『地球』上に掲載された女性に関する論文を理由に公序良俗紊乱罪でそれぞれ起訴された。

それは八月末に開廷されたが、実際奇妙な裁判だった。それはこの興味深い法廷に大挙して押し掛けた野次馬連など一切顧慮しないまま、また二〜三回以上開廷されれば、持っている教理すべてを開陳できると思っていたアンファンタンの不利益など一顧もせず、開廷期間はわずか二日間だけに限定されたせいか、裁判の両日を通じてかなり手ひどい罵詈雑言を浴びせられたにもかかわらず、裁判長ノーダンと次席検事にとってその苦痛はさほど身に堪えなかった。

二七日朝、法廷に臨む分列行進が始まった。館の中庭に集合したサン゠シモン主義者は日の出と共に行進を開始した。彼らは教父を先頭に隊列を組んでメニルモンタンの丘を下り、グレーヴ広場と裁判所に到着した。

物見高い大勢の野次馬の一団が一緒に付いてきた。なかには口笛を吹き、野次を飛ばすものもいたが、大多数は弟子たちの若さときちんとした身なりに心を打たれ、共感の意を表していた。

被告人が法廷に導かれて入場すると、設けられた仕切りの柵の間でもう聴衆が押し合いへし合いの状態であった。

アンファンタンは被告席の真ん中で、実にゆったりとした表情で身構えていた。『法廷紙』がその姿をこう描いていた。

「彼の顔立ちは実に立派である。長く黒い顎髭、むき出しの両肩の上にたなびく髪、その服装の奇抜さと優雅さによって全員の視線をくぎ付けにしていた」

開廷するや、いくつかのトラブルが生じ始めた。ロドリーグはアンファンタンの傍らに着席しようとしなかった。裁判長が彼に着席するようにと促す一方で、「教父」は柔和な笑みを浮かべていた。

被告たちは職業を明らかにするように促された。アンファンタンは答えた。「新しい信仰の指導者」であると。シュヴァリエ、バロー、デュヴェリエは「新しい信仰の使徒」、ロドリーグは「サン゠シモンの弟子」であると。

裁判長は続いて彼らの弁護人は誰かと問いかけた。

アンファンタンは述べた。

「我々には弁護人ではなく顧問がおります」

こうして彼はセシル・フルネルとアグラエ・サン゠ティレールを指差した。

裁判長は女性にこのような役目を認めるわけにはいかないと断言した。

アンファンタンは答えた。

「本件はとりわけ女性に係わるものである以上、どうしても女性が顧問になってもらいたい」

しかしそれは拒否された。そこで証人——すべてサン゠シモン主義者だった——の一番手としてモイーズ・ルトーレが招き入れられた。宣誓が新たな、そして解決不可能な困難を生じさせようとしていた。実際、この宣誓を行おうとすると、ルトーレは身体をアンファンタンの方に向けて許可を求めたからである。

裁判長はすぐにこれを遮ってこう述べた。

「宣誓は自由な行為であり、それはもっぱら宣誓する人間の意志から発したものでなければならない」

アンファンタンは答えた。

「決してそんなことはありません。宣誓は宗教的行為であり、信仰を持つ人間にとって、求められた宣誓が自己の信仰に合致しているかどうかを知ることこそ重要なのです」

苛立ちながら裁判長はルトーレの方を向いて言った。

「宣誓するのかしないのか、どちらですか」

「もし教父が許してくだされればそうします」

節を曲げない強情なこの証人は控えの間に追い出された。続く三人も同じだった。

裁判長は憤怒の形相を露わにして、証人全体にまとめて問いかけた。

「君たちは教父の許可がなければ宣誓もできないほど固く彼と結ばれているのか」

全員頷いた。

そこで次席検事はこの規律正しい一団の離反を図ろうと考え、彼らに向かい個別に質問を求めた。教父の同意なしに受け入れようとするものは誰もいなかった。もう証人の宣誓は諦めるほかなかった。

次席検事の論告に移ろうとしていた。

検事はサン゠シモン主義道徳の教えに憤慨してこう述べた。

「特別な衣服を身につけ、人類の改革者だなどと主張しているものたちを目にすれば、誰しも思わず吹き出さずにいられないだろう。けれども、この人物たちがかくも不愉快な教理を執拗に表明している状況に接すれば——検事は『地球』の論文を何本か読み上げながら——誰しも恐怖に襲われ、憤怒にかきたてられ、嫌悪の情に捕らわれずにはいられないであろう」

午後の審問は、最初に、かつての仲間との固い結びつきはすでに失われてしまっていたものの、彼らの弁護を妨げたりしたくないと思っていたロドリーグへの尋問に当てられた。彼の願いは聞き入れられた。ロドリーグは裁判官にそれほど急き立てられこともなく、落ちついた口調でしっかりと話した。彼はそれほど重要な被告人とみなされていなかったのだった。

ロドリーグに代わってミシェル・シュヴァリエとなると話はまったく別だった。だが裁判官には時間をかけゆっくりと彼に質問を浴びせる暇はなかった。サン＝シモン主義者の行なっている基金の呼びかけに投げかけた次席検事の手厳しい批判に応酬して、彼はこう叫んだ。

「金、いつも金だ！　口を開ければあなたたちはいつも金、金だ！……我々は信仰の仲介者として金を求めているだけである。なぜなら、テミスの聖堂と呼ばれているものをはじめとして、すべての聖堂にはお金が必要だからだ！」

さらに司法官が教団の有する資産をはるかに上回るお金を借り入れたことに非難を加えたため、シュヴァリエは彼を激しく叱責してこう述べている。

「我々が所有する資産以上のお金を借り入れたという理由で我々をペテン師呼ばわりしましたね。それが正しいと仮定しましょう。それなら、フランス政府はペテン師ですよ。なぜなら政府は四〇億以上もの負債をかかえ、持っているものといえばほんのわずかな金しかないし、そのうえになおまた借金しようというのだから。……こうした財政上の問題を論じるなら、とりわけこの学問を作り変えた人と論戦を交えようとするなら、いいですか、経済学の基本用語に通じていなければなりませんよ」

裁判長はサン＝シモン主義者の六月の騒乱への加担に触れてから、被告の発言があまりに冗漫に感じたため、被告の話を中断させようとした。

「あなたはもう二時間も前から喋りっ放しですよ！」と裁判長は言った。

アンファンタンが身を乗り出して言った。

「一発の銃声音と大差ありませんよ」

シュヴァリエに続いてデュヴェリエの番である。彼に対する訴訟の主たる理由は反道徳的行為の指導者ということだった。今度は彼がシュヴァリエよりはるかに激烈な調子で判事を攻撃した。

「あなた方に尋ねたいけれど、あなた方の真理や道徳の脆弱さについて空疎な言葉を連ねて長々と演説する理由がどこにあるでしょう。またあなた方のエゴイスティックな恐ろしい習慣を崇高たらんとし、あなた方の現実生活の汚濁を洗い清めてやりたいと望んでいるとき、あなた方の原理原則を侵害することなどありませんなどと叫ぶ理由があるでしょうか。ねえ！　真実の神よ！　今生きているあなた方の生を支えている原理原則とは一体何なのですか！」

この言葉は裁判官の憤怒をさらに掻き立て、裁判長は数回に渡ってデュヴェリエの演説を中断させようと試み、ようやくその発言を中止させた。

バローがデュヴェリエの後に続くが、裁判官がそこから得たものは何もなかった。裁判官はその反道徳性を告発したが、バローは管轄違いを手厳しく証明してこう述べている。

「次席検事はソルボンヌの先生にでもなったつもりでいる。ところで皆さん、彼はあなた方を自ら引き受けたこの至高の権威の行使に与らせ、そしてこれほど重大で、深遠で、厄介な問題を解決するため、あなた方を参加させるにあたって、突如陪審員という席を信じられぬほどの高みに上げているのです。ところで、お尋ねしますが、こうした性質の訴訟に介入できるあなた方の資格とは一体何でしょうか。……私はあなた方がいろいろな職業に払っている敬意、熟慮、熱意を疑うものではありません。しかしあなた方の判断すべき問題がいかに高い知性と幅広い共感を必要とするものか、少しでも頭にあるのなら、真っ先に、自分に課せられた役目をきっと奇異に感じるにちがいないでしょう」

このように司法官や陪審員の権限の及ぶ範囲を限定してから、バローはかのテブー街の会場で成功したあの仮借のない弾劾文を述べる前に、教父に体を向け、彼に祝福を乞うた。

「話してごらんなさい」とアンファンタンは言った。

こうしてから社会と現政権への非常に激しい批判を始めたため、彼の演説を遮れなかった裁判長は閉廷を言い渡すほかになす術はなかった。

しかも時間はもう夜の一一時半にもなっていた。

裁判の二日目はすべて教父に当てられた。事実、法廷に詰めかけた支持者と野次馬たち、そのどちらも失望させられなかったことは確かである。

午前の弁論は『法廷紙』がそれまでに記録した審問のうちでも最もユニークなものの一つである。それは言葉ではなく、視線で演じられたからである。

アンファンタンは開廷からずっと立ち上がったまま、胸に手を当て、視線をゆっくりと陪審員、判事、聴衆の上を巡らせていた。次いでおもむろに第一声を発した。

「我々は本訴訟に関係する紛糾事すべてが皆さんの管轄外であることを完璧に立証してくれることを望みました。我々がときに長時間にわたり、粘り強くこれを引き伸ばそうとしたのは、こうして法廷から得た決定と内閣に是非とも示してほしいと望んだ見解が――演者はここで話をやめ、しばらく裁判長と判事にじっと視線を注ぎ、さらにまた長時間にわたり次席検事に刺すような視線を注いでから――数々の偏見を明確に示しており、本件はそうした偏見のもとで調べられ、判決が下されようとしているからでした。私の意志と我々の歩みとはぴったり一致していたのです」

ここでアンファンタンは凝視の対象になっている聴衆に体を向けた。

次席検事は興奮のあまり顔は真っ赤になっていた。上級裁判官たちはそっと咳払いをした。裁判長はこの証言に一瞬とまどったが、結局身を乗り出して言った。

「あなたは内省を必要としているのですね」と尋ねた。

重々しい声で彼は言った。

「そんなことはありません。今私が必要としているのは内省でもなければ瞑想でもありません。私の周りを囲んでいるのが一体誰なのかを知り――こうして聴衆のすべての顔を一人ひとりじっと目をこらして見ているようだった――そしてまた自分も見てもらいたいということです。次席検事殿、外形、肉体、感覚の持つ強大な影響力を知り、そのために是非とも視線の有する強大な力を感得してほしいということです」

「あなたに教えてもらうことなど何もない」と次席検事は大声で叫んだ。

だがアンファンタンはこうした横槍を黙殺して言った。

「皆さん、私の考えは顔を通して読み取ってもらいたいと思っているように、私があなた方を動かしている思考をその姿形から読み取っているのは、まさしくあなた方に向けているその視線を通じてなのです」

彼は裁判官に体を向けて言った。

「なぜなら、思考のすべては顔に表れていると信じているからです」

今度は司法官の側が苛立ちを隠せなかった。

「もうまったく認めがたい考えだ」

繰り返して教父は言った。

「要するに、次席検事殿があなた方に私の自惚れについて語ったからには、今度は私の方から、あなた方に私の顔について話すのも当然と思っていただかなくてはなりません！」

判事と上級裁判官は何やらささやき始めた。裁判長は動揺し、ついに立ち上がって言った。

「我々はあなたの瞑想の結果を期待してここにいるのではない。審問は一時中断する」

裁判官は退廷した。教父は法廷を見回し、さらに判事一人ひとりを目で追い、そして身動き一つせず、まるで彼が館の唯一の主人であり、そこで繰り広げられている論争のただ一人の主人であるかのように、深い沈黙に沈んでいる聴衆に体を向けた。

ようやく腰を下ろし、傍聴者に優しく訴えかけた。

「さらにまた彼らの管轄外の裏付けをしなくてはならない！　彼らは感覚の道徳的な力を否定し、喋らずに単に視線だけで、私が彼らの役割に相応しい冷静さを失わせることができたことを彼らは少しもわかってはいないのだ！　私を忌み嫌うのと同じだけ私を愛してくれれば、私の視線から怒りの感情を汲み取ったと同じくらい愛の霊感《インスピレーション》を見つけてくれれば、そのとき初めて彼らは肉体、感覚、美の持つ道徳的力を理解してくれるでしょう！」

彼が合図を送ると、聴衆は立ち上がった。裁判長は審問を中断したが、閉会させたのはほかでもないアンファンタンだった。

午後は午前とはまったく異なって推移した。裁判長は主要な被告人が再び「小手先のペテン」を弄するのではと自問しながら、不安げにじっと彼を見つめていた。だが被告はまったく予測不能の存在だった。審問が始まるや否や、すっくと身を起こしたのはまったく別の人物だった。視線はいっそう増し、瞑想はなおいっそう深まり、声はさらに響きわたった。

「慣例に従って皆さんは私に説教を期待しているでしょう。じゃあ話しましょう！」

すると、高い上背をぴんと伸ばし、しばしば大衆の心を捕らえ、弟子たちを魅了する重々しい声で、こう述べた。

「新しい宗教をはっきりと告げ知らせるため、あなた方の前に私を導いてくれたことをまず私の神に感謝したい。また我が母の霊のために、それを厳かに告げ知らせたい。なぜなら、もし人びとに父の知恵を教え諭すためにイエスが送られてきたとするなら、すべての人（男・女）の父であり母である我が神により、人びとに母の優しさへの願望を抱かせようとして私は遣わされてきたからである。

私は言った
男・女を含めたすべての
神であり、父であり、母である、と。

なぜなら、この簡潔な言葉のうちに我々の宗教心がすべて含まれているからである。これをあなた方に理解してもらうため、あなた方自身に訴えたい。私は自己のうちに宗教的観念を持っている人にだけ話しかけているのではない。屁理屈ばかりこねる懐疑論者や盲目的無神論に陥っている人たち自身にも呼びかけているのである。私は万人に語りかけているのです。

そこで、あなた方に問いたい。神という神聖な名があなた方の面前で発せられたとき、それはあなた方の心にどんな属性を想起させ、またその魂にいかなる徳性を目覚めさせるのか、と。いつでも、どこでも、あなた方の心が崇拝しているのは人間の属性、男の徳性ではないだろうか。ところで、自身の神のうちに神格化された人間の属性や徳性しか認めない人と、女性の恩寵と徳性を無限の力にまで高めながら、さらにそれを肌で感得しようとする人、この両者の大きな差異についてじっくり考えてほしい。

そうだ、キリスト教信仰、すなわち父と子と聖霊のみ名たる神を崇拝するこの信仰において、女性がマリアとして大きな地位を占めているのは、まさに精神の、いや人間精神の驚異的理解力によるものなのだ。

しかし、これらすべてはつねに男性的で、孤独で陰鬱であると感じられないだろうか。これらすべては墓の大理石のように重苦しくて冷え冷えとしているように思えないだろうか。これらすべては十字架のように飾り気のないものに感じられないだろうか。

ところで父にして母たる神の我々、その我々は以下のように述べ、かつ断言する。あなた方のなかでも、希望と愛で我らの神と心を一つにする人、父のように善良であるばかりか、同時にまた母のように優しくもある人、彼と彼女と心をひとつにする人、断言してもいいが、その人こそ、ただそのことによってのみ新たな生命を身にまとうことになるであろう。なぜなら、まさしくその愛、心、肉体はそうした働きによって輝かしい変貌を遂げるからである。

さて、我々があなた方にとって奇妙な存在に映るのは次の理由からである。それは我々があなた方と同じ生活を送っていないこと、我々の神があなた方の神と同じでないこと——私の言葉の不可思議さにより、私の考えがあなた方の心にしっかりと刻み込まれてほしいのだが——彼がただ単に父親のように善良であるだけでなく、彼女もまた母親のように優しくあってほしいからである。なぜなら彼と彼女が万人（男・女）の父であり母だから」

裁判官と聴衆全員は声ひとつあげずに、じっとこの説教に耳を傾けていた。だが、説教がこれほど大きな成功を収めたのは、アンファンタンの人間的魅力が演説の深遠さをはるかに凌駕していたからだった。実際、彼が裁判で役立ったのはその卓越した雄弁ではない。神に対するその情緒的なアプローチは、異教徒がそれまでに語ったこと以外に何一つ表現しておらず、また彼が自己の考えを懸命に言い表そうとした統語論上の議論は愚劣の極みといってもよかった。[1]

キリスト教の改革者らしくふるまうのは容易ではなかった。

アンファンタンはひと息ついた。そして運動の社会的側面に入っていった。そして語る言葉はしばしば聴衆の心を揺り動かすほど寛容な口調を取り戻した。

「あなた方に我々の信念を述べたのだから、これを世に広く広めようとしている人びと、誰もが断罪し解体したいと願っているその聖なる結合体《アソシアシオン》についてあなた方に語ってもよいでしょう。我々に政治的な目的があると思われてきましたが、まさしくその通りです。そうです、確かに、我々には政治的な目的があります。

じゃあ聞きますが、現在と異なる未来を希求することは許されないとでもいうのでしょうか！個々バラバラで、暴動が頻発し、憎悪と血にまみれたこの現在の代わりに、平和で団結し、労働と愛に満ち溢れた未来を」

こうしてアンファンタンは驚くくらい力を込め、サン＝シモン主義の政治的・社会的概念を展開していった。だが彼は、今しがた華々しく述べたてた教理を女性崇拝論に結びつけずにはいられなかった。

「神は我々すべての人間を引き裂いている政治的憎悪心や、労働者を刺激し彼らを暴動へと駆り立てている貧困と無知、富裕な知識階級を蝕み、倦怠感、嫌悪感、恐怖感をもたらす怠惰、最後に無神論とエゴイズム、社会を希望なき苦しみと悔いなき背徳で覆っているこの二重のレプラを終わらせてくれるものと我々は信じている。また神は女性の手によってこそこれらすべてを終焉させてくれるものだと信じている。

そうです、もう一度言うけれど、神はまさしく女性の手を通じて、あなた方が男性のうちに空しく追い求めている平和、秩序、自由をあなた方のもとに送ってくれるでしょう(2)。

それこそ我が神、父、母の名のもと、私を父と名づけ、そして母を呼び、待ち望んでいる人たちに私が与えた政治的信条である。

これが偉大な祖国の諸悪や人間家族の苦痛に苦しむ寛大な心の持ち主たちに希望をもたらした信仰なのだ。

幸福とは、神の救いをその優しさ、平和、美の生ける表示のうちに祈念しながら、また女性の助力を切願しながら、暴力も策略もなく、平和的に、そして少しずつ取得できていくものである。

私はあなた方に私たちの

政治的・宗教的信条を述べた。

今度はあなた方がこれを断罪できるかどうか考えてください。

それは我々の聖なる結合体の中核なのだ。

今度はあなた方がこれを解体できるかどうか考えてください」

裁判官は協議のため退席した。判決を下すのにそれほど時間はかからなかった。被告人全員に有罪が宣告された。アンファンタン、シュヴァリエ、デュヴェリエは懲役一年と一〇〇フランの罰金刑、ロドリーグとバローは五〇フランの罰金刑に処せられた。いわゆる「サン＝シモン主義」協会はこうして崩壊した。

「家族」はこの判決を冷静に聞き入れた。受刑者らは破棄院への上告を用意していたから、それは即座に執行されなかった。こうしてサン＝シモン主義者たちは隊列を組み、教父を先頭に、再びメニルモンタンの道を歩んでいった。お供の警察官が黒山の野次馬に分け入り、彼らのために道を開けてやった。ベルヴィル門を通過するとき、家族は集合《アペル》の唄を歌い始めた。

彼らは隠遁所に入るまで歌い続けた。

第8章　獄中のアンファンタン

サン＝シモン主義者への有罪判決は八月二八日に出たが、アンファンタンとシュヴァリエ(1)がサント＝ペラジー刑務所に収監されたのは、破棄院への上告申し立てが退けられてから後の一二月一五日だった。

出版ジャーナリズムはこの判決に少なからず抗議の声を上げたが、その執行はまったくといっていいくらい注目を浴びなかった。この無関心は受刑者をとても悲しませたが、なかでもとくにミシェル・シュヴァリエは友人のフラシャ宛の手紙で非常に厳しい表現を使って苦しい胸の内をこうぶちまけている。

「パリ、とりわけ教父が壮麗な町に変えようと望んだパリ、汚泥と大理石の混在するこのパリ、オペラ座と死体置き場《ラ・モルグ》の混在するこの惨めなパリ、のらくらものたちのためのカフェ・トルトーニがあるかと思えば、へとへとに疲れはてた人びとのための六スーで食べられる安食堂もあるこのパリ。哀れな娘たちがいきずりの男にわずか一〇スーで身を売る一方で、お喋り女たちが黄金や真珠やカシミヤに包まれて生活しているこのパリ。この巨大な人食い、この巨大な神学者、この巨大なプロレタリア、このろくでなし、このバベルの塔、このバビロン、このニネベ、この黙示録の巨大な獣、この厚化粧をし、斑点のある、しわがれ声の、下卑た売春婦、要するにパリは我々を軽蔑し、一リュー離れたところでも我々の存在を感じ取り、また一リューからでも我々に向かって《気の狂った連中め！》と叫ぶのだ。我々はその邪悪な獣、その醜悪な獣であり、姿を見せただけで彼らを困らせ、発作を起こさせてしまうというわけだ。我々はその懶惰、自堕落、薄汚い乱痴気騒ぎ、その偽善ぶりに向かい非難攻撃の矢を放っている。だからこそ、ベレー帽の端で我々の姿を見かけるやいなや、我々に対して、かの悪党一味に囲われながら、法の網をすり抜ける古手のやり手売女が、彼女を捕らえて警備隊詰所に連行するヴィドックに向かってするようなそぶりを示すのである」

　このような苦痛も二人の囚人になされた待遇でいささか解消された。刑務所二階の四部屋もある獄舎が彼らに割り当てられたからである。「ここではまるで王侯貴族の扱いだ」とアンファンタンは忠実な信徒のアグラエ・サン＝ティレールに書き送っている。

　そのうえアンファンタンは課せられたこの隠遁生活を反発せず黙って受け入れていた。休息が必要だったからこそ、その有期禁固刑を気分良く受け入れたのである。

　彼は娘たちのひとりにこう書き送っている。

「私たちは鳥篭に入れられているけれど、何と大きな小鳥だろう！　そして私たちは心地よくさえずり、誰にも邪魔されずに頭を二時間ずっと翼の下に置くことができて本当に嬉しく思っている！今ここで私たちはしょっちゅうかき乱されてきた私たちの羽根を揺り動かしているのだ！　私たちはそれを口で整えたり磨きをかけたりしているのだ！」

入獄にあたって、彼は弟子への権威を一切放棄してしまったから、今後彼らは我が身のうちにそれぞれの霊感《インスピレーション》を見つけていかなくてはならなくなった。それまでは何年にもわたりアンファンタンが彼らの懐疑や希望の重みを一身で担っていた。ところが今はすでに道は示されており、そして彼は開拓者の疲労を感じていた。

「皆さん！　皆さん！　教父は活動を停止し、休息しています。不快事で起こさないでください。自由です！　あなたたちは自由です。あなたたちはもう私の子供ではありません。あなたたちは解放された一人前の人間であり、私の友なのです！」

だがアンファンタンの弟子に与える影響力はあまりに大きく、さらにアンファンタンの掌中に人格を全面的に委譲してしまっていたから、彼らはいつでも前を進んでいってくれる指導者の先導なしにはどんな道も選びとれず、そのため与えられた自由も拒んでしまったのだった。彼らを拒絶しようと思っていたとき、彼はあらゆる服従の重圧を、かつてはこれをより完璧に仕上げたいという思いが強かっただけになおいっそう、強く肌に感じていた。いまだ青年の面影の残るその顔に初めて疲労の色が浮かんでくるのを感じていた。信徒の一団を決して見捨てないようにと懇請するアグラエ・サン＝

ティレールに、いささか不機嫌な面持ちでこう返事している。

「私は目下一個の馬鈴薯と形容できるかもしれません。そして私を愛している人たちを馬鈴薯のような状態に追いやってしまったという理由で皆から大きな非難を浴びせられたため、神は彼らにその人生を表明する時間を与えようと考え、私を獄に送り込んだのでしょう」

こうして、むごい扱いも受けず、孤独でもなく、また弟子たちが絶えずつきまとって離れないこの刑務所という枠のなかで、アンファンタンはそれまで繰り広げてきたさまざまな闘争について思いを巡らしていた。階層制の頂点に単独で到達するために打倒したバザール、ロドリーグ、そしてすでに追い出す準備に取りかかっているミシェル・シュヴァリエなどの仲間たちのことを考えていた。多くの弟子たちの尊敬と崇拝に包まれた彼は、いつも支配の熱狂が自分を愛の優しさから遠ざけていたことを理解していた。こうして氷のような孤独感で心が締めつけられているのを感じていた。

「私は今、生の極限にあり、そしてまたもう一つ別の生を希求しています。かつて私が感じ、その過ぎ去ったかたちで今なお飾られた感情を心中に見出したりすると、まるで亡霊にでも出会ったかのように恐怖感を覚えるのです。……そうです、確かに、私は自分の過去を決して拒絶したりはしませんん。私は使徒的宣教の栄誉を望んだすべての人びとを鉄のような指の万力で締め上げて苦しませ、神が私に与えてくれた磁石によって引き寄せてきた選別機で彼らをふるいにかけなければなりませんでした。多くの藁蘂《わらしべ》を焼きつくし、同時にまた神が新たな寺院の材料を浸しておいた火で多くの軽やかな翼も焼け焦がさなくてはなりませんでした。しかし、教父による試練のときは終わったのです。

……私はもうこのような仕方で愛したくはありません。では一体どのようなかたちで愛していったらいいのでしょうか」

とはいえアンファンタンはとても心豊かな人間だったから、牢獄が新たな人間的経験をもたらしてくれているときに、長きにわたり憂鬱になど沈んではいられなかった。与えられた自由時間を活用し、彼はサント゠ペラジー刑務所の廊下を駆け巡り始めたのである。彼がそこで得た絶大な人気は、生涯を通じて皆が褒め称える、自身の価値を他者に否応なく認めさせてしまうという生来の才能をすぐさま裏づけてくれた。獄中の彼は、長期にわたる哲学的・宗教的教育によって彼を迷える子羊の導き手と認めていた弟子たちではなく、自身とかけ離れたイデオロギーを持つ犯罪者や政治犯たちのなかに置かれていた。とはいえ、その弁舌の魅力や人間的スケールの大きさ、あるいは他者を惹きつけるどこか神秘的な力によって、訪れるたびに囚人たちのうちに、当局から要注意人物と見なされてしまうほどの熱狂的感情を生み出したため、ほどなく彼の獄舎への訪問は禁じられてしまった。

そのため、アンファンタンの威光が減じたわけではない。一八三二年、サント゠ペラジー獄舎のレヴェイヨン（クリスマスイブ）にその特徴がはっきりと残っている。

「奴隷たちのメシアの誕生日の今日、獄舎のプロレタリアはその共同寝室でレヴェイヨンを祝った。全員教父の健康を祝して乾杯し、《サン゠シモン主義者は楽天家》の唄を歌った」

もっとも、アンファンタンがもう他の留置人のところに出向いていけなくなってしまったといっても、留置人の側から彼のもとを訪れることはできたのである。実際とても緩やかな規則下にあったこの刑務所では、死刑囚でさえも彼の獄舎で夕食をとってよろしいという許可が与えられていたのだ！

「昨日我々は、ひとりは八年の牢獄刑、もうひとりは流刑を宣告されていた二人の罪人と夕食をとる羽目になり、また夜はその彼らと、さらに規律と平穏を強制され絶望的心境に陥っていた別の三人の凶悪犯――うち一人は一八歳の死刑囚だった――と一緒に過ごした」

アンファンタンと他の囚人との関係はとても見事だったが、また看守との関係も悪くはなかった。けれども、看守の側からすると、彼はつねに厳格な礼儀作法の遵守を求める人物であった。刑務所長が彼を夕食に招待したときにも、ほんの三〇分前に知らされたという理由だけで、その招待を断ったりすることもあったからである。

＊＊＊

アンファンタンはこれ以上弟子たちに支配を及ぼすことを拒んでいたが、彼らと愛情溢れた手紙のやりとりは続け、また彼らの側から示された愛情の物質的な証しも喜んで受け取っていた。

この感嘆すべき人物の新しい側面を示す食卓での必需品、たぶんある種の享楽への欲求であろうが、それ以上に、彼が持つ子供っぽさゆえに、大人としての特徴が薄まってしまういたずらっ子的な側面に関することがらが全面にわたって述べられている、彼からの一通の手紙も残されている。

教父の日々の食事を支給する任務はアレクシス・プティがあたっていた。また、ときに教父は忘れず彼に必ず次のような指令を書き添えていた。

「どうかたまには苺、フランボワーズ、サクランボ、スグリなどの代わりに、私の好きなちょっとした甘いものを持ってきてください。ついでに言い添えれば、ほんの少しでいいけれど、とびきりのソーセージか極上のグリュイエールチーズ、あるいはオリーブの実を少々か、マグロのマリネも送ってくれたら嬉しいのだけれど、でも傷んだりしないように、それらはみんなほんの少量でいいですから。……最後に、何か刺激物も少し、というのもすこし体が弱ってきているから。でも何よりそれはとても美味しくなくては駄目ですよ」

あるいはまたこんな指図もしている。

「煙草がなくなりそうです。もし誰か愛煙家にそれを知らせる機会があったら、ぜひそう伝えてください」

ワインについては、シャンペンだった。アンファンタンはこの分野でのプティの浪費に感嘆しきりだった。

「どこかにシャンペンの湧き出る泉でもあるといいのですが。この街の上流階層の誰か老婦人の身ぐるみを剝ぎ取ってでも、調達してくれるといいのですが」

さらにまた教父は香水までも要求していた。

「そちらにオリエントの風が吹いているかどうか知らないけれど、私には香水が必要なのです」

当然のことながら、アンファンタンの「娘たち」は教父に甘いお菓子を支給する役目をプティひとりに任せてはおかなかった。彼女らは肥育鶏、うなぎ、ジャム、ガレット〔丸くて平たいビスケット・クッキー・パイ〕、牡蠣など送ってあげた。彼はこれらの贈り物をとても上機嫌で受け取り、マリー・タロンにこう書き送っている。

「ねえ、もうあなたを破産させてしまうのではないかと思うくらいいろいろな贅沢品を送ってくれますね。あなた方女性が搾取されているなどというのは大間違いで、つねに我々に厚意を求めるように強いているのは、むしろあなた方女性じゃないでしょうか」

ヴィエイユ・デュ・タンプル通りで食料品店を営む安定した家庭の元お手伝いだったエミール・ダールまでもが、敬愛するプロスペルにある不可思議なカクテルの成分を送ってあげたこともあった。

「私にはスペインの何人かの大貴族宅で使われている、あるレシピがあります。それは冷えたままビネガーの中に浸したスグリの実と木苺の実といくらかのクロイチゴの実です。これはとても心地よい飲み物です。カップ一杯の水に砂糖を入れ、そこにこのビネガーを小さじ二〜三杯分加えるのです。暑い時期に飲むと本当に気分爽快ですよ。有害な大気の予防薬にもなるし、また咽の病気などいっぺんで治ってしまいます」

＊＊＊

サント＝ペラジー刑務所収監中、アンファンタンはある目的に向かって前進しようという抗しがたい意志からか、心の冷淡さゆえなのか、それとも逆に、隠し持っている寛大さからなのか、はっきりとはわからないが、奇妙でまた唐突ともいえる行動に打って出た。ミシェル・シュヴァリエとの関係を断ち切ってしまったのである。

ミシェル・シュヴァリエは、初期の弟子たちがイポリット・カルノーの居間に集まっていた時期に行なわれていた口頭での教宣活動以来、片時も離れずアンファンタンの傍らにつき添っていた人物である。彼こそ『地球』の主要な推進者であった。彼の持つ知力、教養、論争家としての才能、その自己犠牲によって、バローと並びアンファンタンの最も信頼する後ろ楯であった。教父は獄舎にあって居室と食卓を共にしていたこの人物との関係を突如として断ち切ってしまおうと考えたのである。彼は弟子たち全員を解放してやろうと決意した結果、控え目ではあるが断固たる態度で冷静沈着にそうしたいと望んだのだった。シュヴァリエはそれでもなお彼と一緒にいたいと望んだ。しかし教父はこれを撥ね除けてしまった。

「あなたの宿命はたぶん、あなたが私の手を離れて自分で自分の人生を切り開いていかなければならないと思い起こさせようとすると決まって否《ノン》と答えるでしょうが、それでも私の義務はつねにあなたにそれを思い起こさせてやることなのです」

一八三三年四月、とうとうシュヴァリエは顎髭をそり落とし、ふたたび市民の服を着用し、アンファンタンにこう宣言した。

「教父よ、私はこの日を選んで、あなたとの関係を一切断ち切ろうと決意しました」

彼は刑務所の別棟に移っていった。この日を境に、彼は単にアンファンタンに献身的に尽くすことをやめただけでなく、その最も激しい敵の一人となった。この二人が再び和解するのは、ようやく二〇年も経ったはるか後のことである。

アンファンタンが最も信頼を寄せていた弟子へのこの冷酷無情な断絶は、教父が当時アグラエ・サン゠ティレールに送った一通の手紙を読めばまた新たな光が与えられるだろう。彼はそこでこのように書いている。

「ミシェルは私との関係を断ち切らなくてはならない。なぜならこの断絶により、当局との和解も果たせるだろうし、また彼の進むべき道もそこにあるから」

こうしてさらにもう一度、アンファンタンはその驚くほどの慧眼ぶりを発揮した。なぜなら、数年後、シュヴァリエは国会議員、上院議院、コレージュ・ド・フランス、アカデミー会員などの要職に次々と就いていったからである。

隠遁生活、シュヴァリエとの断絶後体験した孤独な生活は、アンファンタンにさまざまな妄想を抱かせたが、そうしたなかである不可解な妄想がこの才人に入り込んでいた。

彼が妄想を体験したのは女性について考えたときである。彼がはるか以前から待望していたにもかかわらず、なかなか到来しなかったかの同伴者である教母について考えた時期のことである。

それについてこんな奇妙な省察をいくつか書きとめている。

「出獄にあたり、ペチコートとヴェールなどを着ていこうと思っていないが、世の人びとが私を女性に変身したと信じても驚きはしないだろう。なぜなら、私を取り巻く人たちはきっと顎髭など生やしていないから。そしてこの人びとを通じて、ある視覚上の錯覚から、この女性の幻影に覆われた個人もひょっとして女性ではないかと思い込んでしまうかもしれない。いずれにせよ、それはありえる一つの答えである……。

実のところ、教母を理解するうえで、私には三つのやり方しか頭にはない。たった一人だけか、それとも民衆の先頭に立つか、あるいは女性に取り囲まれ、そして彼女たちをわかろうとしない人びとに対しては傲慢と映るほどまでに従順で献身的な子としての崇敬の念に囲まれているのか、いずれかである」

こうして徐々に、ある予測不能の変化により、この女性の強迫観念がアンファンタンをオリエントに、彼がその重々しい芳香を愛し、いまだなお逸楽を狂おしく追い求めてやまない国と信じていたオリエントに誘っていった。またこうして少しずつ、ある想像上のオリエントの不可思議な働きで、彼は「沈黙の殻を突き破っていった」。

そしてある日、突如として彼に言葉が戻り、彼は弟子たちにこう呼び掛けた。

「太陽は月で覆われたヴェールを投げ捨てた。オリエントが開かれたのだ！　新たな太陽に安泰を……壁越しに手を預けなさい、オリエントの娘たちに伝えなさい、そうすれば彼女たちは私の姿が見えるだろう。今、私の黄金の太陽の顔にくちづけしにきた彼女たちの銀の三日月に賭けて私はそれを誓う」

ところが同時にまた、神のある不可思議な気紛れからか、抑圧された感覚的欲望によって駆り立てられていたその過程で、エンジニアで天才的なパイオニアである新たなアンファンタンが出現しようとしていた。なぜなら、もしオリエントで女性が見つからなかったとしても、そこに彼の名は結びついていないけれど、サン＝シモン主義者の栄光が残される壮大な事業を構想し、そしてそれを可能にしたからである。

この新たなアンファンタンが初めて登場するのは忠実な執事プティに宛てた次の手紙である。

「フルネルとの最初の会話であなたが上手に触れてくれたらと思っていることだが、それはもっぱら絵空事のように、またそこで私が結構大きな役目を果たしているとでもいうようにして触れてみてください。でも問題は次のことなのです。もしバローがエジプトの地で後年――例えば来年でもいいだろう――成すべき何らかの事業をじっくりと考えるために土木・鉱山局の技師をエジプト訪問に駆り立てたなら、それを知ったフルネルもきっと出発するでしょうし、また彼自身もきっとその気になるでしょう」

アンファンタンの脳中に新たな冒険の芽が生じたのである。メニルモンタンの次はエジプトだ！

第9章　エジプト遠征

「さあこれから古のユダヤと古代エジプトの間に、ローマとメッカ、マホメットとキリストの結合を図ろうではないか」

バローは一八三三年三月二二日、マルセイユで帆船「クロランド号」に乗船した。一二名のサン＝シモン主義者が同行した。旅に必要な資金は、ダヴィドがメニルモンタンで作曲した唄の出版で調達された。

マルセイユの出発は信じがたいほどの熱狂のうちに行なわれた。埠頭は人で溢れかえり、サン＝シモン主義者のうちでも最も熱狂的な崇拝者が乗り込んだボートの何隻かは港をあちらこちら走り回っていた。

旅の最初の目的地はコンスタンティノープルであった。バローとその仲間は四月一五日にこの地に上陸した。

彼らはちょうど間の悪いときに到着してしまった。トルコは属国エジプトと戦闘状態にあり、ロシア人はすでにダニューブ河岸に四万もの兵士を集め、そして優柔不断なオスマン帝国の首都では外交官らが巧妙な権謀術数にあけくれていた。奇妙な服装を身に纏い、世の慣習にまったく迎合しないこの一三名の仲間たちの到着は当地の人びと、とりわけその上陸を阻止できなかったとはいえ、あらん限りの影響力を駆使して彼らを一刻も早く出発させたいと願っていたフランス大使をびっくり仰天させた。大使はこれに成功しなかったが、ほどなく生じたある事件によって、心の平安を脅かされていたこの同国人たちから解放されることができた。なぜなら、モスクに向かおうとしていたスルタン〔オスマン・トルコ帝国の皇帝〕の通り道に並んでいたサン＝シモン主義者が、思わぬヘマをしでかしたため、これをきっかけに一大騒動を引き起こしてしまったからである。スルタンは彼らを逮捕し、ダーダネルス海峡に向かう船に乗せ、こうして最終的にはスミルヌ〔エーゲ海に面したトルコの港、別名イズミール〕に移してしまったからである。彼らはこの港町にしばらく逗留した。またこの町ではラマルチーヌにも遭遇し、そこで数回講演会を開いたりした。

バローがレディ・スタンホープに使者を送ったのはこの町である。

ウィリアム・ピットの姪レディ・スタンホープは、イギリスの生んだ非凡な女性のなかでも最も桁外れな女性の一人だった。ベドウィン族から「パルミィールの女王」と呼ばれていたシリアを制し、モン・リバンの晶洞を征服する長旅を敢行した後、レバノンのジュウンの町で隠遁生活に入った。かつての修道院に身を落ち着け、周りを数名の黒人奴隷に取り囲まれて暮らしていたスタンホープには、トルコ帝国将軍ベシールやイブラヒム・パシャらの活動を牽制できる十分な威信が備わっていた。

旅行者など滅多に受け入れたことのない孤独でまた絶大な権力を保持していたこの女性は、新しい宗教の啓示を待ち望んでいた。前年の九月、会いにきたラマルチーヌに向かいキリストの言葉を想起してこう述べている。

「また比喩を使って話しますが、私の後に続く人は、あたかも霊感《インスピレーション》を受けたかのように、真の言葉を用いてあなたに語ってくれると思います」

そしてこう結んだ。

「そうです！　私たちの待ち望むのはまさしくそういう人なのです。それこそ、まだ到来していないけれど、さほど遠くにおらず、わたしたちが自分の目で見ることのできるメシアなのです！」

レディ・スタンホープの厩舎にはまだ誰も乗ったことのない二頭の見事な白い雌馬がいた。一頭は特別な刻印が穿たれ、メシアのために用意されていた。もう一頭は、メシアのそばに並び、奪回されたエルサレムへの入城を果たす日のレディ・スタンホープのためのものだった。

アンファンタンは、意識下ではバローに別の使命を定めていたにもかかわらず、「教母」を発見するようにと彼をオリエントに送り出していた。だから、その運命と預言から、バローがはるか昔から抱き続けていた夢を実現してくれるように思われたこの女性との接触を図ったとしても何も驚くことではない。それよりもっとびっくりさせられたのは、孤独な生活に閉じこもっていた誇り高いレディ・スタンホープが、見知らぬ男の使いを喜んで迎え入れたことだった。確かに、彼女は足音を聞いただけで、その人の天国での運勢を予見できると言っていた。だからこそ、彼女は遣わされてきたサン＝シモン主義者を迎え入れたのである。彼女は彼らを快く迎え入れ、晶洞地帯を見学させてやろうと、馬やガイドも与えてやった。しかし、当代で最も不可思議な女性と男性の運命を結びつけることができたかもしれないこの訪問から生じたものは何もなかった。実際まだその美貌は保たれていたとはいえ、レディ・スタンホープはもう五七歳にもなっていたからである。

一八三三年九月、バローと仲間たちは後に彼らの真の使命が展開されるエジプトの大地アレキサンドリアに到着した。すでに減刑の恩恵に浴していたアンファンタンは、サン＝シモン主義の旗がたなびく大型マストを備えた帆船「プランス・エレディテール号」に乗船し、かの地で彼らと合流した。技師のフルネルとランベール、およびその他幾人かの弟子も彼に同行した。

＊＊＊

当時エジプトはよき時代を迎えていた。総督メヘメット・アリはトルコとの戦闘に初めて勝利をもたらしたばかりだった。彼はオスマン・トルコ帝国の宗主権を排除し、シリアを制圧していた。開明的な政権下に置かれたこの国は西洋文化に広く門戸を開き、さらに何人かのフランス人もこの国の要職に就いていた。ド・セーヴ〔ソリマン・ベイ〕は陸軍を、ド・スリジーは海軍を、クロット・ベイは病院を組織していた。したがって、取り巻く環境はアンファンタンの計画に好意的なようにみえた。彼は、生まれ変わったエジプトに、単にその壮大な思想だけでなく、さらにこれを実現できる傑出した専門家の鉱山技師フルネルとランベールの二人を送り込んでいた。

アンファンタンが最初に勝負の場に送り込んだのはこの二人である。彼は偵察のため二人をエジプトで最も著名なフランス人である総領事ミモー、副領事レセップス、ド・スリジーのもとに派遣した。ところが、二人は期待していた激励の言葉を彼らからもらえなかった。彼らはスエズ運河掘削という一大プロジェクトについてはパシャ〔オスマン・トルコ帝国の軍司令官、将官、地方長官の総称〕に話したらどうかと勧められた。当初彼らは単に支配者に奉仕作業を申し出るだけでよかった。しかし支配者はもうヨーロッパ人に助力を求めることを望んではいなかった。

幸運にも、バローは少なくともこの点で非常に異なる意見をもたらしてくれていた。船上でフェリシアン・ダヴィドのピアノ演奏を聞きながら使者の働きかけの成果を待ち望んでいたアンファンタンは自ら乗り出していこうと決め、カイロへの旅を敢行した。

教父はエジプトの首都で絶大な歓迎を受けた。フランス人たちは彼を歓待し、さらに彼とその一行に宿泊所まで提供してくれたが、これは彼にとって実に好都合だった。なぜなら天佑に身を委ね、一銭の資金もないままエジプトにやってきた身だったからである。

アンファンタンは歓迎会の熱気ぶりについて歓喜を込めて友人のプティにこう書き送っている。

「私は大勢の給仕にもてなされ、素敵なベッドに身を横たえ、さらにまた多種多様な溢れんばかりの料理や葡萄酒を断るのも一苦労でした。ここではパリと同じように、いやパリ以上に、たくさんの上等な葡萄酒でもてなしてくれ、シャンペンはカップになみなみと注がれて溢れ出んばかりでした」

贅を尽くしたもてなしだっただけではなく、さらに将軍や医者や商人など数多くのエジプトの著名人も歓迎に訪れてくれた。

当初の社交行事が済むと、アンファンタンはあらゆる事物を観察・考察し、またどこにあってもこの国を豊かな国にするためにふさわしいさまざまな改善策を考えながら、首都とその周辺の村々の巡回に取りかかった。綿栽培方法を再検討し、灌漑方式を完全に刷新し、鉱物資源を開発する必要があった。

だが主なプロジェクトはそこにはなかった。アレキサンドリアに残してきた二人の技師の到着を待ちながら、アンファンタンはスエズ運河の調査団を派遣した。

フルネルとランベールは一八三三年一一月にカイロに到着した。今度は彼らが一大計画事業の現場に赴く番だった。だがパシャと近づきになるため進められた折衝の進展は、はかばかしくなかった。フルネルはそれについていささか失望感を覚えたため、アンファンタンは感嘆させられるほどの信頼感と洞察力を示した手紙を送って彼を励ましてやらねばならなかった。

「もう一度助言しますが、私たちの仕事は無価値ではなく、間違ってはいないことをしっかり頭に入れておいてください。仕事は順調に進んでおり、それは私たちがアレキサンドリアとマルセイユで思い描いた以上の進展ぶりを見せています。私たちがやってきたのはフルネルをエジプトの主任技師にすることではなく、二つの海の連絡、それも私たちではなく他の人びとの手で果たすことであり、そしてそれは必ずや将来成し遂げられるでしょうが、今のところ未解決状態であり、そして私たちの人びとへの働きかけは、可能な限りこれを早く達成させること以外の目的を持ってはなりません」

一八三四年一月一三日、ようやくパシャはフランス総督ミモーに付き添われてやってきたフルネルと面会した。

会談は二時間続き、翌日さらにまたもう一度行なわれた。パシャはフルネルの話にとても興味深そうに耳を傾けていたが、運河の構想については、少なくとも今のところは必要ではないとして退けてしまった。彼が関心を抱いていたのはスエズからカイロに至る鉄道敷設とナイル川ダムの建設という二つの計画であった。前者の計画実現のため、彼はすでに幾人ものイギリス人技師を抜擢していた。後者に関しては、数年前からエジプトの地に居を構えていた元フランス海軍中尉リナンを選抜していた。

とはいえ、オリエントにあっては何事も無駄骨に終わることなどないという原則から出発し、他方、この三つの計画のどれか一つは必ず実行に移されるチャンスはあるだろうと確信し、イギリス人は鉄道敷設に向けて、リナンはダム建設に向けて、フルネルは運河建設に向けてというように、この三集団はパシャの側近に精力的なキャンペーンを展開していた。

二月三日、ついにメヘメット・アリはダム建設の決断を下した。

アンファンタンはこの不都合な出来事に落胆するような人間ではなかった。ダム建設から始まることがはっきり宣言されると、するとどうだろう！ 彼はダム建設の側に立ってしまったのだ。彼はリナンが技師でないことはわかっていた。そこで彼はリナンとその仲間に助力の手を差し伸べようと申し出たところ、即座にそれが受け入れられたのである。

だがこの決定はエジプトのサン＝シモン主義者の最初の四散を生む因にもなってしまった。ダム建設になど関心のなかったフルネルはフランスに帰国してしまったのである。[1] しかし、アンファンタンが必要としていたのはランベールとほんの少数の仲間から構成された特殊技術の専門家、それだけであった。他の人はといえばそれぞれ自由に、というよりも、彼らの運命のままに任された。オルスタインはフランスに戻った。ダヴィドも同じ道を選んだが、彼はシリアを迂回して帰国した。他の人はエジプトにさまざまな職を見つけることができた。幾人かは士官学校の教官として就職した。一人はエジプト人名録を創刊し、また種馬飼育場を設立するものもいた。さらに別の一人は「磁気医療所」を開業し、もう一人は模範農場を創設した。新聞を発刊するものもいた。最後に、バローはフランスの家族とエジプトの家族との間の連絡の任にあたった。

アンファンタンとランベールは作業現場ではまったく使い物にならない相当数の仲間を追い払ってしまわなくてはならなかったが、同時にまた特殊な技術を持つ専門家の不足もきたしていた。彼は理工科学校時代の同僚であった元工兵技術将校のオアールとブリュノーの二人に手紙を送り、測量技師と工事の現場監督のグループを徴募し、彼に合流してくれるように依頼した。

この加勢の到着を待ちながら、アンファンタンとランベールは開始する予定の作業現場の中央に据えられたテントに身を落ち着けようとしていた。作業現場はナイル川のダミエットとロゼットの二つの支流の分岐点にあった。ダムはこの支流のそれぞれに建設され、出来上がった貯水地は水門方式で一つにつながる予定になっていた。

作業は一八三四年三月一二日に開始された。リナンは事業の管理運営とその技術的側面、またアンファンタンとランベール、さらにこの二人が手元に止めておいた幾人かのサン＝シモン主義者に課せられた作業の指揮監督にあたった。

「教父」とその仲間たちの身分は名目的には「自発的」な技師と専門家というものだった。事実、アンファンタンはいかなる契約もいかなる報酬も一切拒否していた。彼の生活費と協力者たちの費用だけがリナンの負担になっていた。一時的とはいえ、こうした状態こそがアンファンタンに全的な自由を保ち続けさせてくれるものであった。なぜなら、彼はこの全的な自由のみが自身の尊厳と自己の任務との両立を可能にさせるものと考えていたからである。

開始早々技師たちは大きな困難に直面した。現場に無理矢理連れてこられた作業員が集団で脱走したからである。毎晩数百人が逃げ出していくという有様だった。こうした脱走を阻止しようと、アンファンタンは軍隊の協力を提案した。大隊全体を作業員の監視にあてるのではなく――それはまったく役には立たなかった――これを直接現場の作業に投入する方がもっと簡単ではないかと考えたのである。ついでにエジプト陸軍にはない工兵隊も組織することができるかもしれないと。アンファンタンはさらに新たな軍隊の指揮官に、友人のラモルシエールかオアールかそれともブリュノーを招聘することまで考えた。しかし軍人たちはこの計画には全面的に反対であった。パシャについていえば、すでにこの計画を伝えられていたものの、今はもうダムとその建設のもたらすどんな問題にも関心を払っていなかった。

こうした困難に置かれても、アンファンタンは落胆するどころか、大いなる楽観論を示していた。ダム建設作業のほかに、彼は諸種の学校、商店、技師たちのための住居、作業員のための宿舎などの建設をも構想していた。

厳しい現場環境にあっても、彼の服装への嗜好は薄らぐことはなく、またメニルモンタンの制服も変更していた。上着は赤の短袖で、黄色の上靴の上に履いたバブーシュ〔トルコ風のスリッパ〕もまた赤で、身体にぴったりのチョッキを着て、パンタロンは白でとてもゆったりとし、また胸にはトルコ風の小さなボタンがいくつかついていた。締めくくりに、帽子には白い木綿の縁取りリボンがつけられていた。「どれをとっても悪くないね」とアンファンタンは結論していた。

夜になると決まってヘロドトスやストラボンの著作の読書に耽っていた。あるいはまた、エジプトの長い夜の間、ランベールと一緒に将来の計画を立てたりしていた。そしていつも脳中に去来し、唇に浮かんでくるものといえば、彼らを導いてきた壮大な思想であった。

「……そして我々の眼前にはいつも二つの海と、我らがその土を浸し、その砂を湿らし穿つことになる運河があるのだ。……なぜなら、われらの目指す仕事はスエズの大事業の準備なのだから。……さらにまたはるか後にはパナマが控えているのだ……」

六月になると、何人かの女性も加わった新たなサン゠シモン主義者がフランスから到着し、再度教父に合流しようとしていた。しかし彼らは教父が大きな助力を得られるような人たちではなかった。「我々にとって必要なものは、すでにこの中核グループを形成している多数の理工科学校の学生である」

***

こうして彼は募集を速めるようにとオアールとブリュノーを急き立てた。八月一五日、思いもかけない嬉しい出来事がアンファンタンの自尊心を奮い立たせてくれた。真夜中頃、彼の目はナイル川を遡ってくるキラキラと眩いイリュミネーションに飾られた一隻のフェラッカ船〔二本または一本マストの三角帆または櫂を用いる細長い船〕に釘づけにされた。船は素早く作業現場に接岸すると、船から壮麗な一団が降り立った。それはエジプト陸軍参謀長ソリマン・ベイとその他何人かの将軍、領事ド・レセップスや幾たりかのエジプト人名士であった。「古より我が忠誠心がその供物を捧げることを願っている唯一の祭壇に」とソリマン・ベイは述べ、アンファンタンのテントにナポレオンの誕生記念日を祝いにきたのである。

八月末、オアールとブリュノーが来た。だが不幸にも、二人は是が非でも必要と思われていた技師も現場監督も連れていなかった。たった一人、外科医だけが一緒についてきていた。それでも、アンファンタンはダム建設の大部分の仕事からは解放されていた。彼はしょっちゅうソリマン・ベイと一緒に地方回りに出かけていた。さらに士官学校創設の仕事にも没頭していた。この平和的な哲学者は突然、かつて彼を軍隊に誘った最初の天職を再び思い起こしたのだった。彼はダミエットの歩兵学校やギゼーの騎兵学校のプランを次々と立て、そうしてそれらは承認され、実現された。次いでまた土木工学専門学校の創設にも専念した。

だが彼はまた、それよりもっとたわいもない気晴らしで気を紛らしていた。すでに指摘したように、一八三四年初頭に新たなサン゠シモン主義者の派遣団が教父に合流していた。そこには女性も幾人か含まれていた。それは徳行というより色事に心奪われた年若き乙女たちで、またダム建設現場での生活はメニルモンタンでの厳格な生活とはほど遠いものだった。オリエントの熱帯夜のなかで、アンファンタンは自己の貞潔さに対する重圧感にしだいに重荷を感じてきていた。ある日ランベールは次のように記した。

「ビッグニュースだ。教父は「ダムのお嬢さん」と結ばれたのだ」

それは作業現場の全サン゠シモン主義者を次々と、あるいは同時にその肉体的情愛で喜ばせてくれたアガリット・コーシディエールであった。

＊＊＊

一二月、アンファンタンは総領事ミモーに彼の数人の弟子に対し特別なはからいをしてくれるように仲介を依頼したが、ミモー宅で受けたのは実に冷たい応対であった。彼はアンファンタンへの助力を拒絶したばかりか、サン＝シモン主義者への辛辣な批判を周囲に撒き散らしたからだった。勇敢というよりもむしろ狡猾ともいうべき外交官だったミモーは、すでに風向きは変わり、パシャの宮廷ではアンファンタンはもう皆の人気の的ではないと感じ取っていたからである。

実際、メヘメット・アリは「教父」の人気に不安になり始めていた。「教父」がエジプトの貴族階級から熱狂的に迎えられ、また初めのうちは参謀長メヘメット・アリも教父一辺倒だったからである。さらに「教父」はダム建設の貧農や作業員とも人間的交際を保つという非凡な長所を備えていたからである。彼はこうした人たちの信頼をかち取り、その頭と心を完璧に捕らえてしまったため、彼らから「アブ・ドミエ」すなわち《世界の父》と呼ばれるほどだった。

君主からの寵愛の失墜は、サン＝シモン主義家族集団にとって明らかに不幸な時代の始まりを告げていた。ペストが作業現場と、さらに間をおかずカイロに出現し始めていた。このときも、アンファンタンの仲間たちは数年前のパリにおけるコレラ流行時と同様に勇気溢れる立派な活動ぶりを発揮した。しかし今回に限れば、彼らがこの流行病に支払った代償はあまりに大きかったといえる。アブゼル病院創設者のフルカド、ドンバール、アルリック、ラミー、マレシャル、デュモラールらが次々と命を奪われていったからである。一〇月、とりわけ厳しい試練が家族に降りかかってきた。今度はオアールが斃れてしまった。ランベールの鉱山局部長職選任以来、ダム建設作業の全責任を負っていたのはこのオアールだったのである。すでにパシャはダム建設作業には興味を失っていた。主要な技師の死はその企画の破産に完全にとどめを刺す結果になった。作業再開をもくろみ、それに続く二年間にいくつかの試みも企てられたりした。しかし、一八三八年に至り、それらの企画も決定的に放棄されてしまった。

アンファンタンは明らかに彼の率いる信者たちをないがしろにしてしまっていた。ペストの出現以来、彼は「ペストがまったく触手を伸ばしていない場所」である上ナイルに出かけようとしていた。どれくらい不在なのかと問われると、「教父」は弟子たちの耳に聞き慣れぬ口調でこう答えた。

「それはまったくわからない。アッラー・ケリム！ つかの間の時間の予測などわからない！ 私はこれから楽しみ、国を見学し、浮かれ騒ぎ、未開人、ベドウィン族、黒人、アビシニア人らと陽気に遊びまくるのだ。私が楽しんではいけないとでもいうのかね」

教父が徳性と羞恥心を失ったのはアガリット・コーシディエールの温かい腕の中だっただろうか。いずれにせよ彼は話したとおりに行動した。弟子マソルを連れて、上エジプトの村々をくまなく歩き回った。スーク〔アラブの市場〕やバザールでは、あまりに失礼な態度で女性たちをじっと見つめていたから、同じ場所に一日以上いられず、またそのため行く先々でひどい噂もたてられてしまっていた。このようにしてテーベに着いた。壮麗な寺院の数々を目の当たりにして、彼はここにしばらくの間身を落ち着けてみようと決心した。

「あたかも我らの偉大な段階のすべてが近づいてきているようだ。私はテーベで瞑想に耽りたい」

＊＊＊

フランスでは、サン＝シモン主義は死滅していなかったが、沈滞の道に向かっていた。リヨンでは比較的活発な家族が存続しており、かつてツールーズやモンプリエなど南西部の「教会」は繁栄を誇っていたが、運動が遭遇するものといえば、大衆の敵意ばかりだった。信徒によっては告訴され、ひどい目に合わされたり、石をなげつけられたり、また集会場が破壊されることもあった。[2]

パリでは、サン＝シモン主義運動が民衆の怒りを掻き立てはしなかったが、それ以上に悪かったのは、もはや人びとから完全に忘れ去られてしまったことである。お供の一行に守られたルイ・フィリップが、サン＝シモン主義の衣服に身を包んで沿道に立っているかつての信者バザンの姿を認めると、笑いながらこう言った。

「あのごろつき連中はまだいるのかね」

バザンはこうした指摘をされても悲しんだりしなかった。彼はこう明言している。

「連中はわれわれを見て笑っている。だが、それは我々のことが怖いからなのだ」

この出来事はサン＝シモン主義者がすべて死滅したわけではないことを示唆している。けれども、彼らには指導者が欠けていたのである。フルネルはエジプトから戻っていたが、冒険的行為に失望し、仲間たちの信念をさらに鼓舞するような教父に関する言説を述べることはほとんどなかった。デシュタルはギリシャにとどまり、そこで公共事業の任務にあたっていた。ミシェル・シュヴァリエはアメリカ旅行を終えた後、政府の要職に就き、サン＝シモン主義運動とはすっぱり縁を切ってしまった。サン＝シモン主義教団の頭には地区のかつての指導者のひとりヴァンサールが就任し、不屈の活動家アグラエ・サン＝ティレールを補佐していた。

サン＝シモン主義者は仲間内のサロンやプラドのサロンに集まり、また日曜日には、ときおりジョルジュ・サンドやミュッセなども顔を出すメニルモンタンの館に集まっていた。彼らは教父を連れ戻し、また彼らの希望の成就を表示してくれる「教母《メール》」の追跡をやめようとはしなかった。この企てには一八三四年一〇月にメニルモンタンで生じたある奇妙な出来事が関係している。

この件については、少し以前の、サン＝シモン主義者によって選ばれた女性の執拗な追跡が一体どれほど度を超し、またそれが運動の信用失墜にどれほど大きな影響をもたらしたかを明らかにする教父の投獄中に起こった悲劇的事件にまで遡ってみたい。

クレール・デマール夫人はその著書で、結婚は売春であると主張する熱烈なサン＝シモン主義者だった。彼女はかなり年配の女性だったが、二二歳の青年を愛人に持っていた。教父の希求する伴侶の発見に熱中していた彼女は、二五〇人もの人たちが参加する舞踏会を自宅で幾度も開いていた。だが、この舞踏会の傍観者だったあるサン＝シモン主義者の見解によれば、出席者のなかには「教父を取り巻くお供の人間」はほんの少ししかいなかった。

この試みの失敗を悲しむあまり、彼女は愛人を道連れに自殺を図ってしまった。サン゠シモン主義運動の敵対者たちはこれをネタにしてかなり手厳しい小唄を作ったりした。

幸いにして、メニルモンタンの出来事はこの事件ほど悲劇的ではなかった。一八三四年一〇月のある日、パリのサン゠シモン主義者たちはその二日後の午前七時にメニルモンタンに集合するように、そしてその集会場で、ある女性が重要な発表を行なう予定になっているという一通の手紙を受け取った。彼らはこの知らせに背かぬように細心の注意を払った。大回廊に集まった彼らは、約束の時間になると、肩に長いブロンドの髪をなびかせたひとりの美少女が登場してくる姿が目に入った。彼女はギリシャ風の刺繍の施された青いダルマチカ〔ローマ皇帝などが着た袖の広い寛衣〕のドレスをはおり、そして頭の後ろには白いバラの花飾りで飾られた一枚のヴェールを掛けていた。

一風変わったこの美少女は、名前をエミリーといい、歳は二一で、サン゠シモン主義の布教に身を捧げたいと述べた。処女の彼女はいずこからか騎士が姿を現し、彼女をエジプトの教父の傍らに誘い、我が身の処女を彼に捧げ、そして彼の手で新しい愛に誘ってくれることを願っていた。

突然のこの申し出に驚いたサン゠シモン主義者は唄に霊感を求め、その賛歌の一つを次のように歌い出した。

我らのなかに、心優しく誇り高い女性が現れ
この世に平和をもたらそうとしている……

こうして彼らは後の会議でこの申し出を討議に付そうと決めた。

その日エミリーはその申し出を繰り返すにあたり、自分の求めた案内人を選定してくれるように頼み、こう明言した。

「それはあなた方のうちでいちばん情け深く、最も知的で、最も逞しい人物でなくてはなりません！」

一瞬ためらいがあった後、出席者のひとりが前に進み出た。

するとエミリーは言った。

「駄目です、あなたは歳を取り過ぎています！」

するとひとりの青年がエミリーに駆け寄って言った。

「僕があなたを目的地に連れていってあげましょう」

しかし乙女は尊大な仕草で彼を見下して言った。

「この方はサン＝シモン主義者ではありません！　どうして彼が私たちのなかにいるのですか」

エミリーは二人の候補者を認めず、またそれ以外の誰も名乗りを上げなかったため、三回目の会議開催が決定された。それから一週間後に会議が開かれた。だが会議が開かれるやいなや、誰も気づかぬうちにひとりの女が部屋に入り、大声で叫び出した。

「娘よ！　私の娘を返しておくれ！」

するとエミリーが叫んだ。

「ひざまずいてください、母がやってきました」

こうして彼女は再び母のもとに戻っていった。さらに、びっくり仰天し、彼女の言うままにひざまずいていたサン＝シモン主義者たちに体を向けて言った。

「母の懇請に負けました。私は墓場に戻ることにします。ヴェールを取って、私の行動の思い出に、これを大切に掛けておいてください！」

娘の要求したとおり、メニルモンタンで呼ばれていた「青いヴェールをかけた貴婦人」の要求はしっかり叶えられた。ヴェールは彼女が出ていったドアの上に掛けられた。このドアは施錠され、以後もう誰もこのドアを跨ぐことのないようにと決められた。

アグラエ・サン＝ティレールは、これを馬鹿げた行為とみなし、こんな喜劇に神経は苛立ち、心中苦々しい思いでいっぱいだった。「この館は郊外の酒場のたまり場となり果ててしまった」と苦言を呈した。ヴァンサールと家族の指導管理を分担していた彼女は、この回廊を閉鎖してしまった。数週間後の一八三五年二月、彼女は館を仲間たちの気まぐれ行為からもっとしっかりと守ってやろうと考え、「教父」が宣教活動を開始した当初、彼女に身を預けていたブレーズ・アンファンタンと一緒にそこに住もうとやってきた。

ブレーズ・アンファンタンが晩年を過ごしたのはこの館だったが、少なくともそれは幸せな時代であった。彼は傲慢を絵に描いたような人物であった。ひきもきらぬ訪問客、サン＝シモン主義者たちが示した息子への崇敬の念の数々、また多少であれそうした評判が我が身に及び、自身が尊敬の念に包まれること、それらすべてが彼を恍惚の果てまで連れていってくれたのである。

不運なことに、ある晩、彼は灯りを持たずにベッドから起きたため、この広い館の中で道に迷い、階段から転げ落ちてしまった。何ヶ所か骨折を負い、助け起こされたもののすでに昏睡状態に陥っていた。サン゠シモン家族の数人の医師が献身的な手当を施してくれたにもかかわらず、その数日後亡くなった。

＊＊＊

出生という点を除いて、アンファンタンには父親に負うところは何もなかった。ブレーズの些細な過ちが息子の青年時代に抱いたありとあらゆる願望を妨げたし、さらにその後、彼は息子の教理をいつも猜疑の目で見つめ、あるいは皮肉たっぷりに受け入れていたからである。

とはいえアンファンタンが両親を愛する気持ちに変わりはなかった。確かにそれは人間としてみれば至極当然の感情であり、彼の人望の高さはそこに由来するといえなくもない。しかし、少なくとも、これほど風変わりな人物でも、人として誰しも備え持つ感情から逸脱していなかったことを証明できるのは喜ばしいことである。

父を亡くしたアンファンタンは、彼をテーベに繋ぎ止めていた魅力が消え去っていくのを感じていた。彼はカイロに再び戻ろうと決めた。もっとも、懐具合がこの決断に無関係だったわけではない。後にアグラエ・サン゠ティレールとよく話題にのせたリヨンの友人アルレス・デュフールが渡してくれていた援助の資金も底を尽き始めており、彼としてはどうしても新しい生活手段を考えなくてはならなかったからである。

一八三五年の末に彼は首都に着いた。エジプトの友人らが彼を歓待してくれた。彼はこの古き都の小さな一軒家に居を定め、エジプト人と同じような服を身にまとい、トルコ帽〔青い房つきの赤い帽子〕を頭に被り、体のわきにはサーベルを差していた。

新しい棲家に入ると、沸騰する脳髄から新たな観念が次から次へと湧き出してきた。最初に「反‐革命」の時期に置かれていると判断したフランスへの新しい統治形式を構想した。さらに問題を国内政治から国際政治に移し、ロシアとヨーロッパの残りの諸国との間での勢力範囲の分割を考えた。そのために、ロシアにコンスタンティノープルとトルコとを放棄させるべきであった。「オリエントの現状を擁護すること、それは何と馬鹿げたことだろう!」したがって、ロシアには黒海、中央アジア、トルコを。フランス、イギリス、ドイツなど他のヨーロッパの国々には地中海、インド、アフリカを。「そうすれば、それぞれの政府は移動を繰り返すその国民の一部に栄光に満ちた実り多い流れをもたらすことができ、それによって国内の進歩はよりいっそう迅速にかつ衝突もなく行なわれるであろう」。

最後に、数年後大いなる希望と苦い失望とを彼にもたらす「王侯への宣教活動」の基礎を立案した。

そうこうするうち、一八三六年、移り気で恩知らずなエジプトに新たな風がまき起こってきた。かの地で絶大な、そしてまた至極当然のように特別待遇を受けていたフランス人が一夜にしてメヘメット・アリの嫌悪の的になってしまった。失寵した地方総督ソリマンはシリアに移送され、フランスの影響が濃厚な士官学校は廃止され、そこで訓練を受けていた将校たちも降格されてしまった。国は少なくとも数年間はアンファンタンの計画を受け入れなかった。彼はフランスに戻るときがやってきたと了解した。

まさにちょうどそのとき、従姉妹のテレーズ・ニューグが彼にオリエントでの冒険事に終止符を打つようにとしきりに促し、ドローム県のクルソンにある彼女の所有地に来るように誘っている最中であった。

彼はこの申し出に大喜びし、有頂天になるあまりその手紙に思わず口づけしたほどだった。新たに変身を遂げるたびに神慮の成就を見てとる素直な性格の持ち主だった彼は、テレーズにこう返事を送った。

「あなたのメッセージは、私の帰国の願望が神聖なものであることを言わしめるための、神が遣わした新しい天使にちがいありません」と。

もう時期を待つ必要などなかった。九月になると彼は弟子たち一二名と出発の準備を整えた。こうしてとうとう三〇日、自らマルタ島に向かう船に乗った。

エジプトの地に残った仲間たちには、別れの瞬間にただこう言っただけだった。

「諸君は鉛の兵隊などではない。諸君には期待して待つような命令などありません。……けれどもおそらく神はとても心優しいから、再度諸君に合図を送ることを私に許してくださるでしょう」

こうして、オリエントで三年過ごした後、アンファンタンは曖昧なメッセージを残したまま、懐には一銭の金もなく、帰国の途に就いた。

スエズ運河の構想は採用されず、ナイル川ダムもこの世に知られることはなかった。そうだ！　確かに、彼が出発の日に楽しそうに告げていたように「オリエントに上るこの月をまるで一片のチーズのように食い尽くす」ことなどなかったのだ。

それにしても……それにしても、アンファンタンの出発時のエジプトは、到着時に見たような国ではなかった。

教父は弟子たちの援助を受け、団体をいくつか設立し、また士官学校、土木工学校、理工科学校、農業研究所、病院などそのほかいくつかの団体の土台を築いた。なかでもとりわけ熱心に取り組んだ構想といえば、ランベールとこれに続くいくたりかの手によって芽を吹こうとしていたスエズ運河であり、これによってエジプトを最も肥沃な国にしようと目論んでいた。もしアンファンタンが一八三五年にエジプトにいなければ、三〇年後のスエズ運河掘削は実現しなかっただろう。

第10章　王侯への宣教

帰国の旅は波乱に満ちていた。マルタ島に着くと、船は検疫のため隔離された。再び海に出ると、今度はまた恐ろしい暴風雨に見舞われた。一週間というもの荒れ狂う海に翻弄され、再度島に避難しなくてはならなかった。アンファンタンがマルセイユに上陸したのはようやく一月七日だった。

長い航海中に、教父の計画は少し修正された。最初は彼を有頂天にしたテレーズ・ニューグの申し出ももうそれほど魅力的には感じられなかった。外から見れば、彼は敗者としてエジプトから戻ってきたからであり、またその自尊心も、こうした状態のまま家族のもとに戻ることにはとても耐えられなかったからである。とりわけその教理に一度も好意を示したことがなく、またエジプト遠征を中止するように厳しく忠告した従兄弟のサン゠シル・ニューグ将軍の嘲笑を恐れていた。

だから、金輪際家族の歓待などあてにするのはやめようと決めた。この突然の変化に不安な気持ちに陥りかけていたテレーズに、彼はこう書いている。
「愛するテレーズ、あなたは私が自分の生活費（とアルチュール[1]のそれ）を得るため、私が何か仕事に就くのではないかと心配しているかもしれません。実際、事態は深刻であり、またいささか漠たるものといってもいいかもしれません。この社会で大きな名声を得たため、私を有用な人間と判断し、私を雇ってやろうと思った人でも、行動する前に熟慮し、二の足を踏んでしまうかもしれません。でも、皆が誇張して描いた強烈な色彩の私の人物像も、時の流れですでに緩和されています。私はもう以前ほど厳しい人ではなく、勇敢な人であればきっと私の手を取ってくれるかもしれないし、ましてや私が立派な町人の服を着、髭も生やさず、使徒の姿をした四〇名あまりの青年がそばにいなければ、なおさらそうするでしょう」

次いで彼は、新しい人生を開始しようと思っていた町モンプリエで、かつてサン＝シモン主義家族を率いていたリーブに注意の目を向けた。リーブの返事は辛い幻滅をもたらした。彼はアンファンタンの来訪を喜ぶどころか、実際にはこんな手紙を書いて寄こしたからである。

「教父よ、あなたを愛している人たちにも、あなたが姿を見せることが再び紛争の種となりかねない人たちにも、どちら側にとっても、いくら用心しても用心し過ぎることはありません！……ねえ、どうかあなたが私たちの間にいることが少しずつ、本当に少しずつというかたちで、初めてわかってくるというようにしてください。そうすれば、とりわけ民衆はきっと一番遅れて知るにちがいありませんから」

アンファンタンは南西部のかつての弟子たちからもう期待できるものは何もないことがわかったから、再びもとの計画に戻り、クルソンに向かった。従姉妹の心優しい歓待ぶりは彼の決断の正しさを証明してくれた。

数日休息してから、アンファンタンは当時一〇歳になり、ヌヴェール近郊のプーグに母と暮らす息子に会いに行こうと決めた[2]。彼はアデール・モルラーヌ宅で三週間過ごした。それは彼女とよりを戻そうというのではなく、息子に近づき、彼の将来に関係する必要な措置をとるためであった。彼はすでにその前の年、アデールにアルチュールをエジプトに送ってくれるように頼んでいた。アデールの拒否にあったため、子供を連れて会いにくるようにと彼女に申し出ていた。アデールはアンファンタンが自分と結婚して身を固めてくれるという条件で、この申し出を承諾していた。しかし、事態はそれ以上進展せずそのままになっていた。

プーグ滞在中、アデール・モルラーヌはアンファンタンに正規の職に就いてくれるよう執拗に責めたてていた。給与年二五〇〇フランのマルセイユの郵便局長の職が空席になっていた。彼女はこの職に応募してみたらと勧めた。アンファンタンにとってこんな提案は馬鹿げたものにみえた。すると今度は、とある商社の共同持ち株を買い取ることができるようにと、所有する全財産の二五〇〇〇フランを好きに使ってもいいと申し出た。この提案も先の提案同様うまくいかなかった。クルソンに戻ってからの彼の書いた手紙から判断すると、アデールは再度彼に結婚の話を持ちかけたことは間違いない。

「あなたの心配していること、それはこうでしょう。私たちの出会いからひとり子供が生まれたけれど、その子供がフランス人、つまり、それが正規の夫婦から生まれた子供であることを公正証書で証明したいということでしょう」

翌年、彼はアデールの望みを一部満たしてやった。三月、アルチュールが学校に入る前、ようやく正式に彼を認知したからである。彼は「物質的な問題についてはヴァンサール、教育に関してはバロー、他人の善意に対して心を開く手助けとなるためにはオルスタイン」の三名を代父として息子につけた。けれども、アデールは彼がそれ以上のことをしてくれないことに落胆してしまった。さらにまた、「教父」の傍らにいてつねにその弁護人の役目を果たしていたアグラエ・サン＝ティレールを、自分を教父から遠ざけている女性と決めつけ、何の根拠も示さずに非難していた。

「あれは私たちの間を裂き、あなたの精神を支配し、あなたの心を占拠し、あなたの感覚をも麻痺させてしまう強い影響力を持った女です」と。

数々の不幸事によって辛い思いをさせられていたアデールはさらにまた、彼女のもとを訪れたサン＝シモン主義者たちがアンファンタンの息子にしか関心を抱かないことに大きな不満を抱いていた。この不満を耳にして、アンファンタンは皮肉混じりの痛烈な言葉を浴びせざるをえなかった。彼女にこう書いている。

「何を考えているのですか！　もしかして彼らが聖母マリア巡礼の旅のようにあなたの家に来てほしいとでも思っているのですか」

クルソンから戻ったアンファンタンは自身の生活のやりくりに不安を抱き始めていた。当面はアグラエ・サン゠ティレールがそれを用意してくれていた。教父がエジプトから戻る前に、彼女はアルレス・デュフール、イザック・ペレールなど忠実な友人と一緒に、サン゠シモン主義者たちの分担金で維持される名簿を完成させていたからである。

アンファンタンは名簿を受け取り、これを二つに区分けした。銀行家や富裕な弟子らの寄付金で構成される最も大きな部分は、エジプトで亡くなったサン゠シモン主義者の母親や妻たちの救済に向けられた。労働者の分担金で構成されたささやかな部分は、アンファンタンの手で息子の教育に充てられた。自身の生活のためにはわずかな援助金しか手元におかなかった。この点についていえば、さらに何人かの寄付金を仰ごうと考えていた。こうして、その寄付金の一部が、困窮状態におかれ、家庭教師の職を探し求めていることを知ったクレール・バザールのもとに匿名で送られた。

しかし、名簿はアンファンタンの自尊心にのしかかった一時的な方策でしかなかった。幸いにもアンファンタンには幾人かの有力な友人がいたからである。当初心配していたように、彼を嘲笑するところか、その野心に相応しい職を見つけてやろうと活動し始めていた従兄弟のサン゠シル・ニューグ将軍、さらにイザック・ペレールや、ローヌ県知事をし、リセ・ナポレオンでのアンファンタンのかつての同窓生だったリヴェもいた。最後に、何といっても、本書の冒頭では触れなかったが、後にアンファンタンの傍らで主役を演じるアルレス・デュフールを挙げておかなくてはならない。

アルレス・デュフールはリヨンの富裕な銀行家であった。アンファンタンは先立つ一五年前、サンクトペテルブルクを発ちドイツを旅していた途中で彼と知己になっていた。二人は親しい仲になり、互いに交流を深め合っていた。アルレス・デュフールはサン゠シモン主義教理に心酔し、一八二九年、モンシニー街の時代にこれに入信した。しかし、アンファンタンがこの運動を一つの秩序づけられた組織に変えようとすると、この階層制への参加をきっぱりと拒否したのだった。彼が宣教に没頭していた時期には、「教父」との関係は冷めることはなかったが、間遠になっていた。ところがこれと逆に、エジプト時代になると、文通というかたちで、再度また緊密な関係が復活した。そしてアンファンタンが帰国してからは、その関係は長きにわたり切っても切れないほど熱い友情に変わり、これは彼の死をもって初めて終止符が打たれたほどだった。

二月、アルレス・デュフールはリヨンでアンファンタンの帰国を祝う盛大な舞踏会を催した。これほど立派な大祝賀会ならアンファンタンも間違いなく手にできたにちがいない喜びと利得も、かつての弟子フルネルとシュヴァリエがパリから彼に向けて放った攻撃の矢によって台なしにされてしまった。とりわけシュヴァリエのかつての恩師への怒りはすさまじく、師が再び大衆の面前に姿を現したと聞いて、怒りのあまり思わず我を忘れてしまうほどだった。

「アンファンタンはエジプトで忘れることも、学びとることも、何一つなかったのか。最初に自分を見失わせたもの、またこれからも見失わせようとしているもの、それこそ高慢さである。彼は無謬性への絶対的な自負を抱いて戻ってきたのだ」

しかもアンファンタンは、自分のために職を見つけてやろうとして行なわれたさまざまな努力に対してもすぐに興味を失ってしまった。というのも、彼の性格や自尊心からすると、そうした恩義に身を委ねる用意など少しも持ち合わせていなかったからである。彼はかつてエジプトの地で瞑想に耽り、そしてまた国際的な桧舞台での輝かしい登場を約束してくれると思い込んだ王侯への宣教を再び考え始めていた。長年にわたって彼は民衆をサン＝シモン主義に改宗させようと務めてきた。ところがオリエントでの長い夢想時に、自分は進むべき道を間違ったのではないか、より有効に行動するには、民衆ではなく、諸国の王侯の心を摑むことが必要ではないかという考えが脳中に浮かんできたからである。

アンファンタンは自らを神に選ばれた預言者であると固く信じて疑わなかった。とはいっても、神のしるしを穿たれた人間はほかにもいた。「……彼らは自ら預言者と名乗ると同時に、王であり、法律にして真実であり、知識にして権力であると名乗っている。……一九世紀このかた、預言者たちはひたすら民衆にのみ耳を傾けてもらおうとし、この地上の権力者を軽んじ、軽蔑してきた。……王についていえば、今日では彼らは王であると同時に預言者のダヴィデやソロモンにはなれないのである。なおまた、この世には預言者の力と王の力という二つの力が存在しており、そして人類の幸福のためには両者が互いにその存在を無視し闘いを交えるのではなく、お互いに耳を傾け合い、結び合うことが必要なのだ」。

アンファンタンは『生産者』で指導者階層の無益性を告発し、専制君主らに激しい非難を浴びせて以来長い道のりを辿ってきたが、はるか彼方に掲げた目標は依然として同じであった。ところが、突然、君主との権力の分割こそ自分の才能に一番ぴったりの使い方ではないかという考えが「教父」の脳中に浮かんできたのである。

ところで、アンファンタンが最初にサン゠シモン主義共同体に招き入れようとした王とは一体誰か。それはオーストリア皇帝だった。なぜそれが彼だったのだろうか。それはオーストリア皇帝の使命が聖職であったからである。それはアンファンタンが「ハインリッヒ・ハイネ宛の書簡」において皇帝に与えた役割であり、サン゠シモン主義的観念の新しい独自の側面を明らかにしており、ぜひとも挙げておかなくてはならない資料である。

外国の政治上の諸問題に取り組むにあたり、アンファンタンは理性的方法を辿ろうとはしなかった。彼は神秘主義の道を取っていた。出発に際して、その道にはもうろうとした靄が立ちこめているのは間違いないが、山道と同じように、雲海を通過するや、いきなり眩しいほどの陽光のきらめく頂に出ることになる。

ハインリッヒ・ハイネは一八三一年にモンシニー街で開かれた集会に参加していた。以来ハイネは一貫してアンファンタンと変わらぬ親交を結び、また一八三五年にその著書『ドイツ論』を著したときには、初版を彼に献呈したほどだった。アンファンタンがドイツ諸国の聖職に関する観念を表明したのは、ハイネへの感謝の意を込めて書いた書簡であった。

「『地球』において、我々はヨーロッパの偉大な三つの国民、フランス、ドイツ、イギリスを宗教、科学、産業の三位一体に結びつけることによって、その親近性を明確にした。……今日私は、もしこれと相似た分析が古きゲルマン的祖国愛の重圧に押しつぶされるのを回避しようと望むなら、それはドイツ人家族によって成されなくてはならないと考えている。……このような三位一体の分類が成されるのは、フランス革命の汎神論的態度が諸国家に導入され、伝播していったその形式を知ることによってである。

オーストリアには祭司的役割を。それは平和の管理者となるだろう。そのためには、プロイセンとライン川上流では枯れてなくなってしまっているのに、自己のうちにはいまだに存在する諸感情を鼓舞するだけで十分だろう。プロイセンには科学、西部には産業を」

したがって、アンファンタンが新しい布教の光を向けようと決めたのはオーストリアであった。彼は独自の一九世紀の民衆史を執筆したいと考えたのである。

「この歴史はモーツァルトのレクイエムのような壮大なものになるだろう。一つはウィーンに、他の一つはローマにある二つの墓を持つ中世を葬り去り、その変容の下準備をしなくてはならないからである」

皇帝に、より正確にいえば、その支援を期待していたメッテルニヒにたどり着こうと考え、アンファンタンはウィーンに滞在し、そこで有力者との交際を保っていた、友人でありまた弟子でもあったデシュタルに助力を乞うことにした。まだ詳述していないが、デシュタルはアンファンタンのいくつかの政治的側面が彼のユダヤ人魂を喜ばせてくれていただけに、喜んでその使者になってくれた。

不幸にして、教父の構想はオーストリアでは受け入れられなかった。デシュタルは手にしていた厚い人望にもかかわらず、その目的を明らかにするやすぐさま、求めていたメッテルニヒとシャルル大公との謁見を断られてしまった。

＊＊＊

一九世紀後半、ひとりの霊感を受けたユダヤ人テオドール・ヘルツルはヤコブの息子たち（一二人）の幾千年にもわたる流浪生活に終止符を打つ新しいカナンの国の幻影を見た。この幻影が、一八九七年に招集され、イスラエルの権利を彼らの祖先の土地に国家としてよみがえらせようと宣言することになった「シオニスト会議」の設立を呼び起こしたのである。

一八九七年という年こそ、初めてイスラエル復活の構想が立案され、公表された年だと広く認められている。だがそれは誤りである。これより六〇年前、アンファンタンはその昔モーゼがヘブライの民の先頭に立って横断した土地に身を置いていた。ヘブライの民と同じように、彼はオリエントの方角を見つめ、そして掘削をもくろんでいた運河の彼方に、ユダヤの奇跡的な運命、過ぎ去った運命ではなく、将来の運命（なぜならサン＝シモン主義のヴィジョンは未来に向けられていたから）を感じ取っていたからである。

アンファンタンの著作中にはユダヤ人国家の誕生を暗示し、預言している個処が少なくとも二つある。とはいえ、その二つはまったく異なる文体から出来ており、それが神秘家にして実業家であり、また金融家でもあるこの人物の多様性を明らかにし、だからこそ彼は銀行家たちの間にあっても、使徒の間にあっても気持ちよく振る舞うことができたのだった。

エジプトに着いて数ヶ月後、諸問題を簡潔に検討してから、この国の秘めている潜在的な資源の総合的一覧表を作成して、こう書いている。

「パシャが所有するすべての鉱山のなかで最も豊かでありながら打ち捨てられているもの、それは土地としてではなくユダヤ世界、言い換えれば古代世界全体（なぜならユダヤ人がその土地を覆っているから）の中心としてのユダヤである。この鉱山の鉱脈はパリ、ロンドン、サンクトペテルブルク、アムステルダム、ベルリンにまで及んでいる。……我々はパシャにこの富の源泉をどのように活用すべきかを教えてやろう。ロスチャイルド、スティーグリッツ、ヘルツ、メンデルスゾーンらは彼の臣下となり、供物を納めるだろう」

しかし、クルソンに戻り、布教の最初の原則を練り上げているときには、まったく別の方法で自己の考えを表現しようとしていた。実業家の冷静な分析に続いて密教的神知論の妄想が現れている。

「この地上へのイエスの降臨以来、神の民は聖パウロとともに旧ローマ帝国を奪い取った。七世紀にわたる未開の民への鎮撫作業を行なった後、彼らはマホメットの後をうけ、再びオリエントに向かって出発していった。六世紀を経て再び西欧世界を訪れようと戻った彼らは、いつかまたすべての人間が同じしるしのもと、互いに理解できる日がくるにちがいないと考えるレビ〔ユダの民〕を世界のあらゆる場所に広める旅に出発していった。再びヨーロッパに戻った彼らは、惰眠をむさぼる聖職者の姿を目にして激しく警鐘を鳴らし、かくして、この地上における警鐘乱打の責務をナポレオンに負わせたのである。今日オリエントは神の民をよび求めている。それこそさ迷えるユダヤ人であり、それは人間ではなく、イスラエルと名づけられた民なのである」

この文章は曖昧模糊としているが、アンファンタンの意図は明確である。彼の東方政策の鍵の一つ、つまりスエズ運河掘削に駆り立てた理由の一つは、イスラエルの誕生を確保することであった。彼はこの計画の実現に必要な政治権力をオーストリアに見出そうと思ったのである。この壮大な構想で皇帝の心を摑むことこそ、彼がウィーン滞在中のデシュタルに負わせた主要にして秘かな任務であった。

***

アンファンタンはオーストリアの失敗で落胆しなかった。アルレス・デュフール、知事リヴェ、かつての悪感情を捨て去ったサン゠シル・ニューグ将軍らは、王侯への宣教という善行を、オーストリアではなくフランスで行なうようにとアンファンタンをせき立てた。ウィーンから追い払われた「教父」は彼らの忠告に従い、「ルイ・フィリップ宛への書簡」を執筆しようと考えた。

彼はこの書簡で、「各人にはその能力に応じて、能力にはその仕事に応じて」というサン゠シモン主義の偉大な原則を再び取り上げ、これを政治上の最高決定機関に適用しようとした。「集団的指導体制」と称されるこの想像上の実体の先駆者であり、観念の世界でのみ存在しうる数多くの事物の先駆者だった彼は、テクノクラートの権力を強力に推奨していた。

「ナポレオンは兵士たちの王でしたが、あなたは労働者の王になるのです。ナポレオンの県知事たちは兵士の徴募官でしたが、あなたの県知事たちには壮大な公共工事の鼓吹者になっていただきたいのです。蒸気機関こそ今日における諸王の根源的な存在理由なのです」

対外的事項に関しては、その東方政策の諸原則を提示した後で、平和的な新領土拡大政策を推奨してこう述べている。

「今必要なこと、それは確かに我々の活動に門戸を開いてくれたすべての国々を征服し、植民地化することではなく、壮大な商業的企画や、労働や富や万人のための幸福などを生み出す源となる迅速な交通手段によって、彼らと親交を結ぶことなのです」

リヴェが書簡を国王に渡す役目を引き受けた。クルソンやヴァランスやリヨンでは、アンファンタンのすべての友人たちが、大なる希望の託されたこの使命の結果を今か今かと待ち望んでいた。何たることか！　国王はリヴェの前置きに耳を傾けてから「後ほど手紙を読んであげましょう」と言って秘書に手紙を渡してしまった。それは間違いなく、その資料が屑籠行きの運命となることを意味していた。

アンファンタンは国王の顧問に招聘されるものと信じていた。せめて自己の東方政策を実行に移すことができるウィーンかコンスタンティノープルの大使のポストくらいには就けるものと思い込んでいた。ところが、あてがわれた候補の職といえば、名もない副知事のポストだったのだ！

これとほぼ同時期、アンファンタンの行く手を阻もうと機会あるごとにその足どりを付け狙っていたミシェル・シュヴァリエは、彼に向かって新たな一撃を加えてきた。そして今度は、「教父」の心臓の真ん中を突き刺すのにうってつけなやり方でこれを行なったのである。彼は『ジュルナル・ド・デバ』紙で、一度も自分の名を挙げず、サン゠シモン主義に関する長大な研究論文を発表したのだった。

もうたくさんだ！　アンファンタンは大物連中など高慢で無知蒙昧のまま打ち捨てておこうと決心した。彼らはサン゠シモン主義の種子を受け取れるほどには成熟してはいなかったのだ。

王侯への宣教は計画だけで実現することはなかった。新たな道を見出さなくてはならなかった。驚くべき予知能力で、彼はアデール・モルラーヌにこう書き送った。

「おそらくリヨンからマルセイユまでの壮大な鉄道が一つのチャンスになるでしょう」

こうして彼は孤独な生活に閉じこもってしまった。もう一度指導者になってほしいとせき立てる弟子たちに対して「自分の庭を自分の手で掘り起こすのだ」と答えたが、友人のオルスタインがしきりに懇願し、また沈黙を責めたてたため、残されている文書に見出されたうちでも最も辛辣な次のような手紙をオルスタインに送った。

「……私のインクが黒く汚れており、また私の愛する人たちには投げつけたくないような悲しみの香りを宿しているからです」

第11章　アルジェリアでのアンファンタン

一八三九年後半、「教父」はようやく興味をそそる任務が巡ってきたと思った。県知事リヴェの懇請により、「アルジェリア調査探検委員会」の一員に指名されたからである。この委員会で彼に当てられた役目は、民俗誌と歴史の諸問題、風俗習慣と社会制度の考察であった。それは華やかなポストとはいえず、また権威も名誉もなかった。委員会のメンバーは経費以外に、毎月五〇〇フランを受け取ることになっていた。しかし、アンファンタンはすでにその新たなポストが将来フランスに生じさせる重大な諸問題を予測していた。さらに、その任務の斬新さが彼の心を捕えていた。

彼はアグラエ・サン゠ティレールにこう書き送っている。

「事態はいささか滑稽に感じられるかもしれませんが、この二十年来というもの、私はもう数え切れないいくらいたくさん奇妙なことをしでかしてきたのです！」

委員会一行は一八三九年のクリスマスの晩に「ファール号」〔紀元前二八〇年に世界初の灯台が建てられたアレキサンドリア湾の島ファロスの名〕に乗船し、三日後アルジェに上陸した。現地人との接触を念願していたアンファンタンは、すぐさま民衆でごった返す町のとある一画に小さな家を借りた。通訳兼料理人を雇い入れ、こうしてアルジェの町と近郊の平野の踏破に取りかかった。ほどなくして非常に数多くの観察記録を、それもアルジェに着いてすぐに興味を失ってしまったその委員会とは無関係な観察記録を手にした。

民俗誌家アンファンタンが取り組んだのは現地人の顔つきとか頭蓋骨とか体毛とかふくらはぎとか臀部などではなく、アルジェリアの統治政策、行政、植民地化などの問題であった。

しかしアンファンタンの持てる時間のすべてが、植民地開拓者たちに課せられた最新の問題の考察に費やされたわけではなかった。

彼はアルジェで、船舶の資材向けのささやかな取引のために必要な品々を買い整えていたかつての弟子ルイ・ジュルダンと再会した。ジュルダンには年若く美しい妻オルタンスがいたが、彼女はたちまち「教父」の虜になり、彼の愛人になってしまった。アンファンタンは自分の唱える愛情の自由という原理のきわめて自然な適用例をそこに認めた。とはいえ、明白な文書類に痕跡が残っている数々の姦通事件にあっても、おそらく彼は最も常軌を逸した不倫事件になるかもしれないこの行為のもたらす結果を予測することはできなかっただろう。数ヶ月してアンファンタンがアルジェを離れ、コンスタンティーヌ〔アルジェリア北東部の都市、古くから文化、商業の中心として栄え、Qacentinaともいう〕に居を移すのはたぶん、オルタンスの常軌を逸するほど激しい恋情から逃避するためだったのかもしれない。同時にそれはまた、彼の見解によれば、コンスタンティーヌ一帯がフランスの植民地開発への大きな可能性を示しているのに、ミティジャの平野は入植者の移住にまったく適していると思えなかったからだった。

いずれにせよ、アルジェリアの発見とその占領の問題はアンファンタンに壮大にして深遠な構想を吹き込んでくれた。彼は有能な思索家として、こうした考えを現実に生かしてくれるのに最も相応しいと思えた人たち、すなわち軍人連、なかでもとくにビュジョー将軍に是非とも伝えたいと思った。だが当初将軍は会ってもくれなかった。サン゠シル・ニューグ将軍のたっての願いでようやくこれを承諾したときでさえ、将軍は彼の話に真面目に耳を傾けてやろうとしなかった。そこでアンファンタンはオルレアン公に目を向けようと決めた。だがサン゠シル・ニューグとアルレス・デュフール両者一体となってとりなしてくれたにもかかわらず、公に近づくことさえかなわなかった。さらに、情勢は変化していた。それもアンファンタンの是認しない方向に沿って。彼は徐々に国の将来への信頼と軍人への信頼感をなくしていった。一八四一年五月、彼はサン゠シル・ニューグ将軍に、オルレアン公への働きかけを一切やめるように求める次のような手紙を書き送っている。

「私はこの国でフランスのための未来、そこで交わされているどんな殺戮行為よりもはるかに輝かしい未来を信じたからこそ、そしてまたアルジェリアが我が国の国内論争の有益な気分転換の場や、産業上の大事業および労働の組織化の試験場になりうると期待したために、公を疲弊させてしまったのでしょう。私はもう口を閉じようと思います。そして私はただもうあなたの友情に委ねることにしました。シャルル一〇世がルイ・フィリップに残した遺産は、私にとってケンタウロス〔ギリシャ神話の怪物の一族。上半身は人間の体の姿で、下半身は馬の胴体と四肢をもつ〕の服そっくりです」

数ヶ月後、重い赤痢に襲われて、彼はフランスに帰国しなければならなかった。

アルジェリアを去るにあたり彼は辛辣な言葉を残している。その言葉は、征服の組織化にいささかも寄与しなかったが、できればその一端を担おうとし、そして語る言葉の過激さのうちに、その虚心が味わった失望感への軽蔑すべき代償を見つけていた人物から出たものだとすると、実に不愉快に思われた国の方策への辛辣な批判を吐露している。同時にそれはまた陰鬱な予言も含んでいた。

「アルジェリアはこれからさらにまた数多くのフランス人や何百万フランもの大金を地中に埋めてしまうだろう。なぜなら人が相食んでいた時代、他国を植民地化していたのと同じように、いまも我が国は植民地をつくろうと欲しているからこそ、……我々はオリエント、ヨーロッパ、アメリカから一掃されてしまうことになるのだ。……民衆のキリストたる我々は、我々の十字架、我々の手釘、足釘、我々の荊冠を持つだろう」

＊＊＊

フランスに戻ったアンファンタンは真っ先に、体を回復するため最も効果的だった穏やかで家族的雰囲気に包まれたクルソンを訪れた。実際、あっという間にもとの健康状態を取り戻せたから、早速アルジェリアに関する回想録の執筆に着手し始めた。活力もすっかりもとに戻ったため、著作を仕上げようとパリに上った。アグラエ・サン＝ティレール宅に身を落ち着け、誰にも仕事の邪魔をされないようにと、デュヴェリエ、オルスタイン、タラボを除き他の弟子には一切到着を知らせないようにと固く命じておいた。回想録に取りかかると同時に、アンファンタンはいろいろと折衝を重ね、そしてアルジェリア政策の責任者たちに自身の見解を理解させ、またこれを採用してもらおうと努めた。ドーマール公とも面会したが、説得できなかった。ギゾーが友人のブランキをアルジェリア問題担当官に任命すると、確かな希望が彼の心に現れてきた。ブランキは任官を受ける前からアンファンタンの思想に全面的に共鳴しており、職務に就くや彼にこう書き送った。「我々の時代は近づいています」と。だがブランキは遭遇する強力な反対派を説き伏せられず、またその職務もいかなる権威もないことが明らかになった。

回想録が仕上がると、アンファンタンはこれを陸軍大臣のド・ダルマシー公に送った。数週間後、公から次のような返事を受け取った。

「アルジェリア植民地化に関する貴殿の回想録は、いかに評価の高いものであれ、貴殿の任務領域から逸脱しているように感じられます」

つまり回想録は公的な資料として見なすことはできないと将軍は結論を下したのである。とはいいながら、彼はその出版費用を内密で出してあげようと申し出てくれた。だがアンファンタンはこの申し出を断り、そしてこれを自費で、いやもっと正確にいうなら、友人たちの費用で出版することにした。

ようやく本が出ると、ド・ダルマシー公から胸踊るような歓待など少しも受けなかったにもかかわらず、彼はこれを公に献呈しようと決めた。しかし公は丁重な言葉遣いで「直属の上司とまったく相容れない考えを含んでいる」という理由でこの作品の推薦を断ってきた。

四方八方から拒絶に会い、アンファンタンの回想録は忘却の彼方に沈み、今日に至るまで一顧もされなかった。私はこの作品について言及し、時間が経っても輝きを失わず、それどころか、今もなお新鮮な輝きを放っているそれが持つ多面体のいくつかを、長期にわたって沈んでいた暗闇から浮かび上がらせようと試みた。なぜなら、アルジェリア征服一二年後に執筆されたこの本は、まだ当時生じておらず、疑問さえ抱かれていなかった諸問題を、さらに一九六二年の時点でさえいまだに我が国フランスを痛めつけ引き裂いている諸問題、おそらく近いうちに我が国に強いる諸問題、アンファンタンがアルジェリア出発時にその恐怖を投げかけたあの荊冠を、類い稀な明晰さで提示しているのは、驚くべき先見性、いやもうまったく信じがたいことだからである。

私はここで新しい思想や、独特な、時としてはっとさせられるような解決策、例えば新しい村を株券というかたちをとり、これを設立した軍隊の兵士のものになるような株式会社に編成していくという解決策などが満載された五〇〇頁にも及ぶ著作の中身を要約しようというつもりはない。実際、アンファンタンの目には、植民地化の主要な危険のひとつは土地の売買にあると映っていた。「アフリカの土地を売ること、それはフランスにふさわしいことではない。フランスはそのため辛い労苦や貧苦を散々支払ってきた人たちに、そしてまた今も血を流してこれを守っている人たちに与えてやることなのだ」。

ここで知ってもらいたいのは、一八四二年の時点で、アンファンタンは一二〇年後、同国人たちの意識を激しく揺さぶることになる諸問題を預言者的語り口で提示し、そしてすでに、可能なあらゆる選択肢を考察していること、さらに昨日までなおフランス人によるアルジェリアの支持者とアルジェリア人によるアルジェリアの支持者の二派に激しく分裂させた問題に対する解決策を必死に模索し、それも同国人の熱狂ぶりに対して見者の苦悩ぶりを示していたということである。

どのような方法でアルジェリアを占拠するのか、とアンファンタンは問いかけている。空間的にも時間的にも限定的な占拠なのか、それとも無際限の占拠なのか、純粋に軍事的な占拠なのか、現地人とヨーロッパ人の融合か、あるいはせいぜいのところ接触にとどめておくのか、それとも現地人の撃退なのか。

アンファンタンはまず過去の野蛮な方法を拒否している。

「人によればフランス人はイギリス人やオランダ人やスペイン人ほど植民地化の能力に長けていないと主張している。だが、今日ではもう植民地化という言葉は、征服された国民の根絶とか従属とかの概念を意味していないのだから、こうした野蛮な企てで相変わらず一番不器用な国民だったことに対して神に感謝しようではないか。過去における我々の無能力は現在の我々の能力のしるしなのだ。

なぜなら、もはや諸国民を無一物にしたり絶滅させたりすること、また彼らを鎖で結わえたりすることではなく、彼らを我々がつねにその最も寛大で粘り強い代表者だった文明、結合体《アソシアシオン》の感情にまで引き上げてやることこそが大事な問題だからだ。

したがって、私にとって植民地化という言葉は、はるか昔ローマ人に想起させたような概念も、また東インド会社のイギリス人やアメリカの土着民の根絶者アングロアメリカ人、あるいはまたコロンブスやバスコ・ダ・ガマの後をついで西インド諸島や東インド諸島を荒し回ったときのスペインやポルトガルが抱いていた概念も表してはいない」

アラブ人の隷従が退けられたとしたら、ではアルジェリアの安定をどのようにして確保したらよいのか。二つの共同体の和解、社会制度と風俗習慣のなかにおいて追求しなくてはならない和解によってである。

「我々は二つの問題を解決しなくてはならない。

一、ヨーロッパ人と一緒にアラブ人を徐々に社会生活に参入させていこうとしたら、彼らの社会制度、風俗、慣習をどのような方向に変えていかなくてはならないのか。

二、ヨーロッパの市民、軍事、行政、宗教制度をどのように変えたらよいか。さらにまた、彼らの農耕、住居、衣服、食糧の慣習、一言でいえばその衛生観念を変化させ、これをフランスがアルジェリアで遭遇する新たな土地、新たな気候、新たな人間関係にできるだけ速やかに適応させるにはどうしたらよいのか」

こうしてアンファンタンは二つの共同体の融合とまではいかないにしても、両者の和解を提唱している。しかし彼の提出した解決策の最大の独自性は、アラブ人の単なる同化によるのではなく、彼らを徐々に社会生活に参入させていく二つのグループの収束化によってこの結果を得ようと考えた点である。

「この二つの指導部にはやらなければならない仕事がある。アルジェリアの統治機構はフランスのそれと同一ではありえないし、またもし我々がその国の支配者なら、アラブ人が持っている統治機構とも同じではありえないだろう。アルジェリアの入植者を、あたかもフランスにいるときのように統治すれば十分だと考えるような人は誰もいないし、またあたかも我々自身がアフリカ人やイスラム教徒であるかのように考えて、アラブ人を統治できると思うものもいないであろう」

アラブ人に対して、社会主義者アンファンタンは彼らの共有財産制を借用しようと提案している。「再度言おう、フランスにはアルジェリアで教えるべきものなどまったくない。それどころか、フランスにはアラブ人から学びとるべきもの、少なくともアルジェリアのために学びとるべきものがある。部族統治において、実に立派な、見事といっていいほどのものが数多く存在している。彼らは我々に、部族を安全に保つ厳格な治安取締りを行ない、自分たちの財産をだまし取らず、また彼らに労働への意欲をかき立ててくれる誠実でかつ周到な行政を期待しているのである。しかし、我々が所有する個人財産と一緒に、我々の心を蝕むエゴイズムの一部をアラブ人にもたらしているとしても、その分量を増大させないようにし、そしてすでに我々が失ってしまい、おそらくアルジェリアが我々に取り戻させてくれるにちがいないかの公有の感情を尊重することである」

「イスラム教徒がフランス語と数学を勉強し続け、我々の持っているような演劇やさまざまな娯楽を眼前に有すること、さらに彼らもまた葡萄酒を飲み、今後妻は一人だけにすること、そうすれば、それほど時間をかけないでも、アルジェやコンスタンティーヌ〔アルジェリアの都市〕に駐屯する我々よりはるかに強大な存在となるであろう。……政治的な問題に時間を割かずに済むこと、それはそうする間に政治的ではない数多くの問題に影響を及ぼし、民衆を結合させられる唯一の手段である方法に傾注できるということであり、それだけでも素晴らしいことといえるのではないか」

フランス人によるアルジェリア、アルジェリア人によるアルジェリア、もしこの言葉がこの時代に意味を持つとすれば、アンファンタンはどちらに組みしただろうか。抱く思想のどれもが独創的であった人物にあっては、どちらをとっても驚いたりしないだろう。仮にアンファンタンの解決策を我が国の政治の引き出しにしっかり整理しておかなくてはならないとしたら、これをフランス的アルジェリア政策（フランコ・アルジェリエンヌ）と名づけてもいいかもしれない。

事実彼は、アルジェリア政府は別として、その統治体制はフランスのそれと同一になりえないと考えていた。とはいえ、フランス抜きにはまったく機能しないだろう。さらにその解決策は、アンファンタンの目からすれば、その国土の積極的な利用という条件で初めて価値を持つものであった。

「政府はアルジェリアがフランスのものと宣言しているからには、どれほど大きな犠牲を払ってでもフランスのものでありつづけなくてはならない。だが、神に誓って、これを活用するための具体的な計画表を持とうではないか！」

　果たしてそうした開発は簡単にいくだろうか。確かに簡単ではない。同時代人が取るに足りない軍事的問題で、ほとんど解決済みの問題としてしか捉えていなかったところにこのアルジェリア問題の抱える困難とドラマがあること、そしてそれを誰よりも早く予見したこと、それこそアンファンタンの著作の最も注目に値する側面といえる。

　反対に、アンファンタンにとって、政策の不可欠な変化、その語の持つサン゠シモン主義的な意味でのアルジェリアの産業化は、否応なく手厳しく、さらにいえば悲劇的な困難に遭遇するように感じられた。その証拠に、彼の見解によれば、この壮大なフランス・アルジェリアの結合をやり遂げられるのはただひとり、奇跡をもたらす天佑的人物に以外に見当たらなかったからである。果たしてこのような人物は存在するのか。アンファンタンは必死にその存在を信じようと努めた。

「我々はあらゆる声を支配し、そしてフランスや世界に向かって叫んでいるあの声「平和と労働」を聞き入れ、理解したことを証明しよう。平和をつくりあげ、労働を組織しよう、それこそがアルジェリアを植民地化し、フランスを救済することになるだろう。……ペンであれ、剣であれ、言葉であれ、持てる武器が何であれ、フランスを救済し、軍人から解放してやろう。革命的で、殺人的で、小煩いこれらの武器を、作業場での秩序と、保護と、命令の平和的な道具に変えてやろう。……しかし、このような出来事が間近に迫り、予兆が現れた場合、いかなる場合であれ、神は告げられた仕事を司る人間を指し示すのが常なのだ。では、今日、平和への熱情、平和の科学、芸術への熱情がどんなことでも取り組ませてしまうような人間、そのためとあれば戦場の危険などよりはるかに恐ろしい危険などものともせず、日々の人殺しや果ては恥ずべき罵詈雑言になどものともしない心構えのできている人間が果たしてどこにいるのだろう。……このような人間がフランスの玉座に座っていないのだろうか」

第12章　総裁アンファンタン

アルジェリアに関する著作を仕上げるや、アンファンタンはパリに戻ったことを内密にするのをやめた。

彼の再登場はさまざまなかたちで迎えられた。シュヴァリエやカゾーのようなかつての弟子は彼の帰還を見て見ぬふりをした。また、彼の住居に名刺を届けるものもいた。さらには彼の腕に飛び込んでいくものもいたが、実際のところ、それが一番数多かった。

しかし、アンファンタンには再度教父の役目を果たそうという気持ちなどなかった。家庭での心配事に忙殺されていたからである。アデール・モルラーヌが彼に近づいてきていた。彼女はプーグから郵便局長に任命されたムードンに身を移してきた。さらにまたブーロア通りにあるパリ印紙取扱所の管理職も手に入れていた。アンファンタンは彼女としょっちゅう会っていたが、当時一六歳になる息子のアルチュールと会う頻度はそれよりはるかに多かった。彼はこの青年に大きな愛着を抱いており、またアルレス・デュフール、デシュタル、イザック・ペレールなどの友人が彼のために年五〇〇〇フランの年金を与えてくれ、金銭上の気苦労からすっかり解き放たれていたので、全身全霊を捧げて息子の教育に当たろうと決心した。

この決心が知れ渡るやいなや、この哲学者の弟子たちのうちからごうごうたる非難の声が沸き起こった。誰も彼もしばしばアンファンタンを野心家で、名声と権力を渇望する人間だという非難を浴びせてきた。確かに、この非難も彼の人生の初舞台を考えれば十分根拠があった。もしこれを分別盛りの人間に適用したなら、不当といえるだろう。事実、生涯のこの時期のアンファンタンは「君たちは鉛の兵隊ではないのだ」と言い、絶えず弟子たちを自由への道へと押しやっていたのに、教団の先頭に立ってくださいとつねに要求してきたのは当の弟子たちだったからである。今度という今度は約束を違えようとしなかったため、師を隠棲状態から抜け出させる役目を担ったのはオルスタインであった。師の決断を解説しながら、彼は師にこう書き送っている。

「四七歳のあなたが身を委ねようとやってきたのはそのことだったのですか。確かに、あなたの息子を一人前の男にしたいと思うのはとても立派なことです。でも、あなたには一人前にしなくてはいけない男がまだほかに数多く存在しているのだから、あなたの仕事が達成されたわけではないのです！」

アンファンタンはこの呼びかけに沈黙を守ったままだった。では、アデール・モルラーヌ、とりわけアルチュールに払っていた心配りが彼の全時間を占めていたのだろうか。決してそれがすべてではなかった。

私はすでに、アンファンタンがアルジェリアで年若い弟子の人妻オルタンス・ジュルダンと恋愛事件を起こしたこと、それがまた前代未聞の姦通事件だったこともつけ加えた。この事件は世間の人びとからどう受け止められただろうか。フランスに戻ると、アンファンタンは妻が不幸な状況に置かれていることを伝える夫ルイからの一通の手紙をみつけた。ルイは心底から妻を愛していた。では、ルイは自分の信頼を裏切り、その親切なもてなしにつけ込んだ師とどのような言葉でやりとりをしていたのか。それは以下を見ればわかるだろう。

「私の愛する善良な教父様、あなたの膝に身を投げ、涙を流しながらあなたの手に口づけし、全身全霊を込めてあなたを愛することを許していただけますか。……ところで、私の生をあなたの生に結びつけ、そして新たな苦痛が生じるたびごとにいっそう深まっていくこの神秘的な関係とは一体何でしょうか」

こういうわけで、彼らはもう到底離ればなれで暮らすことなどできなかったのである。ジュルダンはアルジェの資産を売り払い、妻が敬愛する愛人の身近にいられるようにとパリに帰ろうと決心した。しかしオルタンスは待ちきれなかった。彼女はマルセイユから教父に、女性特有の厚かましい独りよがりな手紙を送っている。

「最愛の教父様、リヨンであなたにお目にかかれるでしょうか。……教父様、私の身はすべてあなたのものであり、私はあなたを愛することができるし、ルイもそれを望んでいるのです！　彼のほうが私などよりずっと犠牲になる値打ちがあるでしょう」

パリのアンファンタンは、ジュルダンにヴェルサイユ鉄道の職を見つけてやり、その善意をさらにいっそう増すことができた。こうして身を落ち着けてからしばらくして、ジュルダンの家庭に一人の男の子が生まれたが、何と夫妻はこの子の名にプロスペルとつけてやるほどぞっこんまいってしまっていたのだ。

オルタンスは書いている。

「幼いプロスペルはいつもあなたの名を呼んでいます。いつも笑顔を浮かべながらル・ペ〔パパ〕と言っているのです。私たちには一枚のとても美しい版画があります。それは冷静さと力強さを備えた立派なイエスの足下にいる姦婦の像です。プロスペルにとって、イエス、それは教父なのです。私たちにとって、教父、それはイエスなどよりもっと偉大で優れた何かなのです」

だがアンファンタンは有り余る活力を備えていたから、いつまでも感傷的な家庭生活のいざこざに巻き込まれてなどいられなかった。フランスに戻ってからというもの、新たな活動が彼の注意を喚起していた。それは鉄道だった。

サン＝シモン主義者はフランス、さらには国境を越えて外国にまで及ぶ鉄道建設に大きな役割を果たしていた。実際、交通手段の発展はサン＝シモン主義経済の基盤の一つであり、それ自体教理の土台を構成していた。

皇帝アレキサンドル一世がロシアでの鉄道建設を検討しようと決めたとき、彼はサン＝シモン主義者の一員と目される理工科学校生のクラペイロンとラメの二人に助力を求めた。パリ〜サン・ジェルマン間のフランス最初の鉄道建設計画を練り上げたのは、ユージェーヌ・フラシャ、ステファヌ・フラシャが加わったこのクラペイロンとラメであり、またこの企画に資金を提供したのはもう一人のサン＝シモン主義者エミール・ペレールであった。

トゥールヌー、フルネル、ポーラン・タラボなど他のサン＝シモン主義者の技師は我が国の鉄道路線の発展に主要な役割を果たすはずだった。アンファンタンについていえば、P・L・M創設の歴史は彼自身の歴史の一部であるといってもいいかもしれない。

エジプトから戻るとすぐ、クルソンでの辛い隠遁生活の奥底で、彼はパリ〜地中海を結ぶ壮大な鉄道建設を構想し、アルレス・デュフールに向かいこの企画に参加するようにしきりに勧めていた。銀行家はこの意見を聞き入れ、一八四五年に「パリ・リヨン鉄道協会」という名の会社が設立されるや、さっそく主要な株主の一人になった。この会社は二億フランを出資したパリのドラマール銀行、三億フランを出資したロンドンのデヴィッド・ソロモン銀行、アルレス・デュフールが代表者になり一億フランの出資金の加入申し込みをしたリヨンの銀行家のグループの三団体から構成されていた。

この会社が創設された当時、田舎の隠遁生活の必要性を周期的に肌に感じ取っていたアンファンタンは、ささやかな別荘を所有していたクルソンに近い寒村のタンに滞在していた。彼を予期しない新たな道に誘い込み、壮大な活動の場へと導くきっかけになった一通の手紙を受け取ったのはこの村だった。

この手紙には彼の親友アルレス・デュフールとリヨンの銀行家グループの仲間のサインが記されていた。そこには次の言葉が書かれた申し出が記されていた。

「巨大な規模の鉄道の問題（なぜならその問題はフランスおよび世界の未来に重大な関わりを持っているから）は道徳的かつ物質的に高い指揮管理を必要としていると思われます。私たちについていうなら、この高い指揮管理こそあなたに受け入れていただきたい要職なのです」

実をいえば、この手紙のいささかもったいぶった表現から感じられるほどには、この提案は重要ではなかった。「リヨンの銀行家たち」が持っているもの、すなわちパリにおける彼らのグループの代表権しか提示していなかったからである。アンファンタンが当初この申し出を断ったのは、たぶんそれがさほど重要な地位と感じ取れなかったからだろう。アルレス・デュフールは彼に、いったんその地位に就けば、彼ほどの人物なら間違いなく重要な地位に到達できるだろうと進言した。それこそアンファンタンを納得させるのにぴったりの論拠であり、その結果が教えてくれるように妥当な論拠でもあった。

アンファンタンは友人の言い分に従った。彼は別荘を閉じてパリに出発し、首都に入るや、委任者たちに手紙を送り指示を求めている。返ってきた返事を読んだ彼は、そのポストが自分の力量にちょうどぴったりであると確信した。

「あなたは私たちに指示を求めてきましたね。でも、本当のことを言うと、あなたに与えられる指示など私たちにはありません。反対に、生じてくるだろう重大な問題に関する私たちの見解といえば、あなた自身の霊感《インスピレーション》に基づいて形づくられていくだろうと言っておきたいと思います」

アンファンタンはあらゆる束縛から解き放たれ、新しい職務のなかで、その熱烈な称賛者たちまでを驚かせるほどの権威と才能とを発揮しながら、大胆に前進していった。当初予想された六〇〇〇万フランの資本金はすぐに不十分であることが明らかになった。巧妙な折衝の後、「ユニオン」と銀行家ラフィットによって作られた会社との合併を実現させ、さらに新しいグループにロスチャイルドを導き入れた。こうして資本金を二億フランという当時としては信じがたい巨大な金額にまで引き上げることを可能にしたのは、少数派の代表者アンファンタンの力量によるものだった。一八四五年一〇月から、彼は「ユニオン」の取締役になっていた。数ヶ月後、「パリ・リヨン鉄道会社」を設立したグループ総体は彼を代表取締役に指名している。

だが、アンファンタンはリヨンよりさらにはるか彼方を見ていた。彼が到達を願っていたのは地中海だったからである。技師タラボがリヨン・アヴィニョン鉄道建設会社を設立すると、彼はその取締役になった。さまざまな提携を通じて、これを「リヨン・地中海鉄道会社」にすることにも成功した。その鉄道人生の仕上げは、数年後の一八五七年、彼の主導により、かの有名なP・L・Mの創設を可能にする新たな合併が実現されたときであった。

アンファンタンは同じ頃また、当時イギリスから購入した機関車や客車などの機械類をフランスで製造する工場を懸命に作ろうとしていた。彼はアルレス・デュフールに、ペラーシュに一大工場を建設するように提案した。

「もしフランスで優先権を持たなければならないものがあるとしたら、それは機関車の製造だということを信じてください。なぜなら、フランスの労働者階級のこれ以上強力な教育手段はないからです」

フランスの労働者階級！　アンファンタンは一度としてそれを忘れたことはなかった。彼の意見に基づきヨーロッパの錚々たる銀行家たちが巨大な金額を出資する用意のできていたこの偉大な実業家にして財務専門家が、逆境に置かれていてもサン＝シモン主義者のことを忘れなかったと同時に、その教理の社会的側面も決しておなざりにしたことはなかったのだ。規模の大きさから見て、当時存在していたどんな産業上の企画をもはるかに凌駕する鉄道会社の創設は、彼の目には、壮大な労働者の結合体《アソシアシオン》の実現にうってつけのものに映ったのだった。組合運動と相互扶助運動の先駆者たる彼は、新しい産業の全労働者を一つにまとめ、援助基金を管理し、美術館、図書館、教育施設を有する「諸鉄道会社」が一つにまとまった巨大な集合体の計画を準備していたのである。

＊＊＊

アンファンタンの生涯にあって、一八四五年は、エジプトからの帰国に始まり、アルジェリアでの冒険事で中断された期間をはさみながら、八年にわたる停滞期の終わりを告げる年だった。

陰鬱な八年、それは対立する運命が「教父」のあらゆる計画の崩壊に向かって激しく襲いかかってくるのを体験する八年間であり、また語る言葉がもはや預言者的言葉でなくなり、無関心と無理解にしか出会えない八年間でもあった。これほど長きにわたって試練を受ければ、どんな人間も鼻柱を折られてすっかりまいってしまうにちがいない。ところがアンファンタンはこの時期の終わり頃、ほとんど誰にも知られないまま、豊穣さと多様性に満ち溢れ、数々の輝かしい成功に記された新たな人生を歩み始めていたのである。

鉄道に注いだ驚くばかりの活動の舞台を知れば、普通なら持てる時間のすべてをそのために使い果たしてしまっていても不思議ではない。ところがそれだけでは決して終わらなかった。同じ年の一八四五年、彼はスエズ運河計画を再開し、そして一〇年間の間に、フランスの一大鉄道網の実現のために尽力し、さらにそのほか数多くの目標を追い求めながら、この壮大な事業の完成のために闘おうとしていた。

かつてアンファンタンがエジプトで、フランス人の元海軍将校リナンと共同で働いていたことはおそらく記憶に残っているだろう。リナンは技師ではなかったが、パシャに信頼され、また進取の気風に富む人物であった。アンファンタンはスエズの事業を推進するにあたり、彼以上に好都合な立場にある人間はいないことをよく知っていた。一八四五年、彼はリナンに、ランベールとエジプトに残ったサン＝シモン主義者たちが立てた三つの計画を書き送った。次いで調査研究所の設立に邁進した。この目的のもとに、単にフランスだけでなく、ドイツやオーストリアやイギリスなどでさまざまな人間と接触を持った。ドイツではライプチヒにいるアルレス・デュフールの義兄で銀行家のデュフール・フェロンスに会いにいくや、たちまち彼はその計画に魅了され、調査研究所に出資するためのドイツ人グループの結成に取りかかった。スエズ掘削のために全ヨーロッパでマスコミの広範なキャンペーンが打ち出された。国の指導者や大臣たちに注意が喚起された。メッテルニヒ大公は企画への支援を拒否し、一度ならず失望させられたが、フランスでは、モンパンシエ公爵がさまざまな支援の手と資金とをもたらしてくれた。ほどなくして状況は、将来の作業の主任技師を検討し、相互に議論をし始めるほどまで進んできた。著名な三人の技師の名が示された。アンファンタンはサン＝シモン主義者のポーラン・タラボの立候補を提案したが、イギリス人側は機関車の発明者の一人であるスティーヴンソンに受諾させようとした。ドイツ人側はオーストリア人のネグレリに信頼を置いていた。互いに関係が途切れてしまうほどの激しい議論が交わされた。イギリス人側は競争から手を引いたが、一方でフランス人、他方でドイツ人とオーストリア人はそれぞれその調査研究グループを組織しようと決めた。

はっきりした理由がわからないまま、リナンがアンファンタンと袂を分かったため、フランス人遠征隊の設立はいささか遅れてしまい、ネグレリに率いられたドイツ・オーストリア部隊が最初に出発した。けれども、フランス人部隊も間髪を入れずその後に続いた。サン＝シモン主義者のブリュノーと、当時二〇歳だったアルチュール・アンファンタンが先回りして出発していたフランス人部隊は、ブルダルーに率いられ、一五人の機械操作技師、数名の兵士とガイドを含んでいた。全部で一一〇人と八八八頭のラクダだった。

遠征隊は一八四七年九月四日に乗船した。五ヶ月後の一八四八年、二月革命が勃発した。調査研究所の創設者らはすっかり落胆し、立案した計画を断念しようと思った。アンファンタンは持ち前の熱意溢れる楽観論でこれを救済した。

「革命だって……じゃあなおさら根気よく継続しなくてはならない。運河は将来共和国の果たすべき最初の大仕事になるのだから！」

第13章　アンファンタンと一八四八年二月革命

一八四八年の二月革命はアンファンタンにとって驚愕するほどの事件ではなかった。もう何年も前に彼はルイ＝フィリップの失墜を予測していたからである。

一八四二年、アルレス・デュフール宛にこう書いている。

「何もかもが破壊されている。そしてまた何もかもが準備されているのだ！」

この間近に迫った失墜、彼はそのことを賢く寛容に満ちた人と思っていた国王の罪ではなく、フランス人がうんざりし始めていた議会制度の退廃のせいだと考えていた。

「歴史はあなたたちに、私たちを統治する国王という以上に、平和と労働をはるかに愛する国王を示してはいないだろうか。産業労働に無縁な人たちにあって、あなたたちは生活必需品とか、希望とか、物質的利益などについて、多くの知識と深い熱意を込めて語った人をただの一人でも知っているだろうか。

他方で、あなたたちは大臣職をめぐる策略、政党の陰謀や連合……共和国の暴動、さらに言うなら、選挙のいんちきによっていっそうかき立てられた倦怠感や嫌悪感に襲われていないだろうか。……議会の演壇上からは、もはや魂を揺さぶり、心を引きつける言葉などただの一言も降りかかってくることはなく、いつも演説を聞いてはいるけれど、何一つ実行に移されないことに誰もがうんざりしていないだろうか」

一度ならず、サン゠シモン主義的魔術の霊感《インスピレーション》を受けたアンファンタンは、同時代に向って語りかけていると信じながら、実際ははるか一世紀も先を見ていたのである。

数年後、ギゾーが国民の希求する民主的改革を拒否し、政治的権威者どもが現政権は状況を再度掌中に収めたと告げたちょうどその瞬間に、彼は迫りくる危機をこんな風に述べた。

「『デバ』紙が何と言おうと、私は危機が終わったと思う気持ちには少しもなれない。……今のルイ・フィリップとその議会は、かつての一八一三年のナポレオンとその軍隊、一八二九年のシャルル一〇世とその侯爵連と司祭連、八九年のルイ一六世とその宮廷の状況とそっくりなのです。……ただ決着は、ギロチンも使われず、外国人の介入もなく、また栄光の日々もなく、平和的につくだろう」

再びアンファンタンの述べた通りの状況になった。ただし、危機は予測よりはるかに早く到来したというだけのことだった。彼はこの手紙を一八四八年一月三一日に書いていた。ところが、革命はその二〇日後に発生したのである。

実際、革命はギロチンも使わず、外国人もなく、栄光の日々もなく行なわれたが、暴力なしというわけにはいかなかった。一八四八年二月はすんでのところでこの世紀でも最大の血生臭い時代の一つとなるところだった。一七八九年にも、一八三〇年にも、人びとが目にしたのは民衆の革命であった。激烈だったことは間違いないし、時として残虐な行為もあったが、それでも民衆が主権を手に入れようとする革命であったことは間違いない。ところが、一八四八年では、民衆ではなく、幾人かの政治家、なかでもとりわけラマルチーヌの勇気と権威がなければ、間違いなく国を血みどろの無政府状態に引きずり込み、扇動的で略奪をもっぱらとするある種の下層民の登場を目にしたはずである。

騒乱の当初から、アンファンタンは良識の声を聞いてもらおうとした。彼は自分の意見を否認しなかった。(1) 自説を否認することなどまったくなく、他の多くはもっぱら言葉の暴力を通じて支えていた原理を事実のなかでふるいにかけようとしていた。しかし、サン゠シモン主義はこれら怒鳴り叫ぶ人たち、コミュニズムの誕生を告げるこの魔法使いの弟子たち〔自分がうっかり図にのってひきおこした事態を収拾できないもののこと〕、とはなんの関係もなかった。サン゠シモン主義は暴力と略奪を拒否していた。だからこそ、アンファンタンはラマルチーヌとエミール・ジラルダンにこう書いたのである。

「あなたたちはリュクサンブールの錬金術師たちを労働の組織という蒸留器といっしょに土中に埋葬してしまわなくてはいけないと思います。ルイ・ブランという坩堝から抜け出すにあたり、リュクサンブールが痛感する避けがたい挫折感から原則を救済してやることです」

さらに数日後。

「今からでも、臨時政府は社会の現実の構成要素をいささかもかき乱さず、また全員の賛同に基づき、児童教育と老人の退職後の生活への必要物を提供することができると思っています。

ところがこれと反対に、国民の成年男子層が、労働者の賃金を即座に改善したいと思う気持ちに駆られ、政府に新たな人間関係の規則、つまり資本や、産業や、所有と労働などの規則を即席でつくらせたりすれば……、耐えがたいアナーキーに陥るか、それとも避けがたい、嘆かわしい過去への回帰となるか、いずれかになるでしょう」

こうして、数々の経験によって成熟した一八四八年のアンファンタンには、政治的人間が偏狭な教条主義者《ドクトリネール》に勝っていた。彼は現実の闘いを補強する目的のために、サン＝シモン主義の最終的な原理を即座に実行したいという誘惑をはねつけていた。

もう一人の人物、彼もまた偉大な人物だったのに、誰からもすっかり忘れ去られていたが、突如として長い闇の底から浮上してきた人、オランド・ロドリーグの姿勢はそうではなかった。

バローとアンファンタンが一八三〇年にいささか無邪気に信じていたように、一八四八年には、ロドリーグは今こそサン＝シモンの学説をすっかり適用できる時節が到来したと信じた。アンファンタンを除き、すでに教団のなかである程度の評価を保ち、またこれを手にしていた人間を呼び出し、自らの計画を披瀝した。

会議は騒然としていた。パリの家族の長であるヴァンサールは、集会の発起人について、アンファンタンの原理を現実のなかで推進させるというより、その地位に取って代わろうとするのが主目的ではないかといってロドリーグを弾劾し、激しく責めたてた。

彼はこう叫んだ。

「じゃあ、パリの街中に、サン゠シモンの学説の諸原理〝すべての生産者の結合体、成した仕事に応じた報酬、出自によるあらゆる特権の廃止〟を訴える宣言文を貼ってみなさい。ここの全員にこれに署名させてみなさい、そうすればあなたが民衆に大いに関心を抱いていることを証明したことになるでしょう!」

イザック・ペレールが身を起こした。

「私は自らの血でそれに署名する用意はできています!」

しかし、このように高邁な申し出を表明したのは彼だけで、かくして会議は失敗に終わった。その後会議は一度も開かれなかった。オランド・ロドリーグは再び孤独な生活に戻っていった。この時期を境にして、サン゠シモンの後継者はもう二度と再び運動の歴史に姿を現すことはなかった。

ロドリーグのイニシャティヴは実現しなかったが、それでもサン゠シモン主義者たちは新しい共和国の組織化にあって重要な役割を果たした。一八三〇年の時代以上に、彼らが政治のあらゆる地平から姿を現してくるのが見られた。そのうちでも非常に数多くの人たち、とりわけ、ピエール・ルルー、シャルトン、ローラン、バロー、ジュルダン、リーブ、ルシュヴァリエ、トロンソン、ヴァンサールらが憲法制定議会の議員に選出された。もう一人のサン゠シモン主義者デュシュェはこの議会の議長になった。イポリット・カルノーは文部大臣に任命された。元サン゠シモン主義者のうちでも、憲法制定議会の議員ジャン・レイノーは高等学術研究委員会の議長に任命された。反対に、ミシェル・シュヴァリエはコレージュ・ド・フランスの教授職を失ってしまった。しかし、すぐに彼はその職を取り戻すことができた。

アンファンタンはどんな公職も一切望まなかった。当然のように、このような職を拒絶させたのは、謹み深さでもなければ、公職への無関心でもなかった。そうではなく、そう思えば難なく手に入る議員のポストも、彼にとっては至極つまらぬ地位に映ったからである。大臣などという権威も、彼の心を駆り立てるにはあまりに空虚に映った。彼は政府の要人たちに、さらには彼らの頭を越して民衆全体に、偉大なサン＝シモン主義の声を聞かせてやることでよりいっそう効果的な役割を果たせると考えていた。議会の演壇より、新聞の論壇を好んだのである。

『レ・ヌヴェル・デュ・ジュール』、『ル・スペクタトゥール・レピュブリカン』、『労働者の警鐘』、『オプセルヴァトゥル・フランセ』など、すでにたくさんの出版物がサン＝シモン主義者の掌中にあった。ところが、アンファンタンの望んでいたのは私的な出版物であった。そして彼はそれを手に入れることができた。

一八四八年一一月一日、『クレディ』の第一号が出た。『クレディ』はどのような党派も参加し、どんな政治的論議にも意思表示できる実践的なサン＝シモン主義の機関紙になるはずだった。モンマルトル通り一五四番地に社屋を構え、編集部にはアンファンタン以外に、デュヴェリエ、ジュルダン、ベランジェ、ヴァンサール、アルチュール・アンファンタンなどがいた。

確かに、アンファンタンは逞しい精力的なジャーナリストだった。しかし、新聞の経営管理能力は鉄道会社の組織化ほどには長けていなかった。『クレディ』は『生産者』や『地球』と同じく短命に終わり、一八五〇年六月に消滅してしまう。結末はとても痛ましかったが、最終的に示談で決着がついたとするなら、それはひとえにアルレス・デュフールの資金と尽きない寛大さによるものだったといっても過言ではない。

しかし、サン＝シモン主義の新聞が短命に終わったとしても、それが世に出たことは無駄ではなかった。『生産者』によって運動の幹部たちは一堂に会することができたし、『地球』はフランス全土にその教理を広めることができた。『クレディ』もまた変わらぬ任務を成し遂げた。アンファンタンが擁護していたテーマのうちでも、とりわけ執着していた二つのテーマがあった。それは軍縮と不動産銀行の創設である。

軍縮とは何か、についてはいうまでもない。主題の斬新さにもかかわらず、企画されたこのキャンペーンも、一八四八年の時点では、今日遭遇しているほど大きな成功は見出せなかった。これと反対に、不動産銀行のもたらす利点の証明は経済学者や財界人らの心をしっかりと摑むことができた。そして一八五二年には、今日我が国の経済の主要な機構の一つとみなされている「フランス不動産銀行」を政令で設立したのである。

二月の日々において、ラマルチーヌこそ共和国をアナキストやコミュニストから救出しようとした人の最前列にいたことはすでに述べたとおりである。

何度かの演説の経験を経て雄弁家になったこの詩人は、自ら「ソシアリスト」と名付けたものたちを激しく攻撃し、そしてそのなかにはサン゠シモン主義者も含まれていた。

アンファンタンはすぐさま彼に一通の返事を送ったが、そこではサン゠シモン主義の立場を——この世紀の半ばになると、その語調は少し緩和されていたが——他の過激主義と一線を画した仕方で位置づけている。それをいつもの使い慣れた直裁的で絵画的なやり方でこう述べている。

「あなたがソシアリスムを考察し、またその名のもとでサン゠シモンとその学派を理解してからもう二〇年にもなります。無知蒙昧、背徳、愚劣さ、白痴、支離滅裂な戯言、馬鹿、阿片、老女……、これがあなたの捉えている人たち、異端排斥の名のもとにあなたが窒息させようとしたすべての人たちに対して、なんの区別もせず、一切の例外もなしに与えている言葉なのです……。

自分が知ってもいない多くの人の告発者になること、それは悪しきことです。

不意に出現した社会の秩序を乱す景気のいいこうしたすべてのソシアリスト、それを世に送り出したのは、二月の革命家であるあなたたちなのです。……こうした略奪をもっぱらとする革命的なソシアリストたちはサン゠シモンの弟子でもなければ、私の弟子でもありません。好きなだけ彼らを懲らしめてやりなさい、それはあなたたちの子供なのだから」

こうしてアンファンタンは現在および過去の友人たち、さらには彼の最も手厳しい敵となった人たちさえも擁護している。

「じゃあ、あなたが大衆の敵意の的とみなしたのは、文部大臣であるあなたの同僚カルノーやその友人ジャン・レイノーやシャルトン〔三人ともサン＝シモン主義教団のメンバーだった〕なのですか。……それともミシェル・シュヴァリエですか。『クレディ』を創刊したのはデュヴェリエと少数の優れた一団の人ではなかったではないでしょうか。……それとも、私と共に今世紀でも最大の産業的、政治的事業を企てようとした大切な友のために私がエジプトで穿った一二の墓石にあなたは献花してくれるというのですか。

あなたはこれら哀れな殉教者たちの生涯も、業績も、死も知らないし、またバザール、ユージェーヌ・ロドリーグ[2]、エドモン・タラボや、さらに同じように苦しみのうちに死んでいった他の大勢の人たちがどんな人だったのか、また現在どのように扱われているのか問われたら、あなたはどう答えてよいかわからないでしょう」

ラマルチーヌはこの手紙にこう答えた。

「どうかお許しください、私の心には、あなたを傷つけようとする気持ちなど少しもありませんでした」

第14章　アンファンタン再び教団の先頭に立つ

それ自体取るに足りないが、この物語では重要な意味を持つ四八年〔二月〕革命の結果の一つにフェルディナン・ド・レセップスの免職があった。

一八四八年のこの年、ローマ人は宗主ローマ教皇に反旗を翻し、共和国を宣言した。すると列強カトリック諸国はローマ教皇の至高の権力を奪還しようと遠征隊の派遣を決定した。カトリック諸国といっても、フランスだけは別だった。事実、フランスは厄介な状態に置かれていた。フランスは敵対する列強諸国にイタリア問題に介入させる気持ちはなかったが、かといって、ローマで自ら列強に取って代わり、フランスが先ごろパリで樹立した自国の政体と同様の政権を打倒することなどとてもできない相談だったからである。躊躇した挙げ句、ローマには、一人は将軍のウーディノ、もう一人は外交官のレセップスの二人が派遣されることになった。それもこの二人のどちらにも正確な情報を与えないままで。二人ともそれぞれその職務の慣例に従って行動したが、結果が出るのにそれほど時間はかからなかった。レセップスはローマ人を支援し、ウーディノは軍隊をローマに入城させるという立場をとった。ひとたびそこにフランスの政権が樹立されるや、それこそフランス政府が求めてきたものであると決定され、こうしてレセップスは俸給なしの閑職に追いやられてしまった。

外交官はこの災難に打ちのめされなかった。彼はすでに一五年前、アンファンタンという名のいささかエキセントリックな旅行者と交わした会話をよく覚えていた。彼はヨーロッパの財界人たちにスエズ運河掘削工事計画に関心を持ってもらおうと、人望厚い実業家になったこのアンファンタンの取りかかっていた活動を注意深く見守っていた。レセップスはこの事業に加わるため、ヨーロッパと並んでエジプトでもその幅広い人間関係を有効に活用しようと決めた。彼はアンファンタンに面会を求めた結果、幾度となくアンファンタンと会見を持つことになった。それがあまりに度重なったため、工事指揮のためフランス人グループから選ばれた技師ポーラン・タラボはいささか不安になり始めていた。彼にとってこの元外交官は少しも信頼を置ける人物には見えなかったからである。しかし、アンファンタンだけは新たな補佐を見つけて有頂天になっていた。一八五三年、メヘメット・アリの息子でレセップスの友人でもあったモハメド・サイードが、エジプトで権力の座に就いたときはなおさらであった。しかし、この喜びもほんのつかの間だった。なぜなら、このときを境にサイードは元外交官と会うのをやめてしまったからである。その噂はすぐ彼の耳に入ってきた。レセップスは、イギリスとフランスで資金を探し求めており、大胆な事業計画にはいつでも資金援助できる用意の整ったサン＝シモン主義者の銀行家たちが、この計画にすぐさま心を捕らえられたのは当然だった。

一八五四年、アルレス・デュフールはアンファンタンにこう書き送っている。

「今私はスエズに関して活発に議論を交わしたイザック・ペレール宅にいますが、そこで得た結論とは、もしモハメド・サイード・パシャが許可を出してくれれば、イザック、ド・レセップス、私の三人で金融会社を設立しようというものでした」

アルレス・デュフールはもちろん、親友アンファンタンにグループに参加してくれるように懇願した。しかし、アンファンタンはすでに調査会社を設立し、あれこれと準備作業を進めていて、またかなりの出費をこれに投じていた。だからこう返事している。

「私は調査会社の公式の代表になっています。私は裏切り者になり、無分別な行為をすることはできません」と。

だが、サン＝シモン主義的色彩が濃厚な連帯感からではなく、ただ事業の成功を目にしたいという欲求に促され、エジプトに向けて出発するレセップスに調査会社の全資料とポーラン・タラボへの紹介状を手渡した。

レセップスはエジプトでは、ナイル川ダムと、スエズからアレキサンドリアに通じる運河を含む巨大な工事を予定しているタラボの計画ではなく、リナンの計画を選択した。サン＝シモン主義的色彩濃厚な調査会社と袂を分かちたいというレセップスの欲求が、その選択の一番の理由だった。しかし、その口実は何の説得力も持たなかった。というのもリナンの計画は彼自身のものであり、また彼がそれについてどう言おうと、他の三人のサン＝シモン主義者ランベール、オアール、ブリュノーの成果だったからである。アンファンタンはリナンの不誠実さについてレセップスに注意を促そうと、彼にこう書いている。

「……リナン、彼の地図は、一八三三年、苦労を重ねた末にスエズの構想を彼の頭に描いてくれた人たちからの明白な詐取といえるでしょう」

しかし、レセップスは今や副王の許可証と技術上の調査資料を所有していた。彼はもうアンファンタンのことなど気にもかけていなかった。彼はアンファンタンに返事さえ出さなかった。

アンファンタンは皇帝〔フランスは再び支配体制が変わっていた〕に裁可を仰ごうと望んだ。だが、皇帝の玉座の周囲にはレセップスの友人たちが占めていた。結局、皇帝はその持つ直感力と行動力とにより、この壮大な計画を実現の道に導くことを可能にしてくれるはずの人物との面会を拒んでしまった。

アンファンタンは勝負をあきらめてしまった。今日スエズ運河掘削工事に彼の名を結びつける人など誰もいない。レセップスはこの一大事業で、その辣腕ぶりや敏腕さ、さらに不誠実さをも公然と認めさせる栄誉を手にしたのである。

だがここでもう一度一八四九年に戻ろう。それはアンファンタンが革命によって引きずり込まれた政治闘争の場を離れ、パリ・リヨン鉄道会社の代表管理人の職に専念しようとした年であった。当時、私生活に心配の種が何もなければ、彼はきっと平穏な生活を味わえただろう。

すでに述べたように、アデール・モルラーヌはパリに身を落ちつけていた。アンファンタンは彼女との逢瀬を重ねていた。毎日曜日午後のひとときを彼女と過ごすのが常だった。同時に愛人のオルタンス・ジュルダンとも会っていた。またいっそう都合よくしようと、アデール宅でオルタンスと会うこともしばしばだった。こうした状況は二人の女性の嫉妬心を掻き立て、一方が結婚を要求するかと思えば、他方は占有権を主張するというように、絶え間のない不平不満を生じさせる因になっていた。アンファンタンはどちらにも同意する気持ちはなかったが、女たちの不平不満の言葉にはほとほとうんざりしていたから、一八五二年、リヨン・地中海鉄道会社の代表になろうと思い、リヨンに居を移すことを喜んで受け入れ、さらに出発に際して二人にこんな品のない別れの言葉を送ったほどだった。

「おまえさんたちにはもうまったくうんざりさせられたよ！」と。

こんな横柄な態度を見せられたオルタンスは、つれない恋人に怒りのあまり思わずこんな荒々しい感情的な手紙を送りつけてしまった。

「あなたはこの世のどんな男よりも愛されてきました。神はあなたにその印をこう刻んだのです。あなたはこの宝を浪費したのだと。あなたは愛してくれたすべての人を傷つけ、けなし、嘲弄したのです。あなたはもう教父などではありません！……野心家なのです！　あなたはひとりぼっちで、みすぼらしく、あれほど豊かだったものすべてを失い、人間的情愛も失い、死んでいくのです。そして悲惨な状態におかれ、渇きを癒そうと一滴の愛情を求めたとき、あなたが扉をたたくのは、この恐ろしい言葉を響かせたこの家の扉、私たちの傷ついた心の扉になるでしょう。そうすれば、扉はきっと開いてくれるでしょう」

アンファンタンが出ていってしまったからには、もうオルタンスには夫と離れている理由はなかった。こうして、彼女は夫の家に戻っていった。そのうえ、愛人に抱いた憤怒の情も時と共に薄らいでいった。アンファンタンが「彼女の家の扉を叩いたかどうか」はわからないが、パリに戻ったとき、彼女は自分の家に住むようにと彼に申し出たのである。この申し出を以下のような信じがたい手紙で伝えているのは、誰あろう夫のルイである。

「私は世間からはルイという名で呼ばれています。教父、あなただけには、ルイ・オルタンスと名乗ることにします。かつてあなたがアルジェの我が家の炉端に腰を下ろしにきてくれたとき、あなたはルイのなかのオルタンスを、オルタンスのなかのルイを愛してくれたのだから」

アンファンタンはリヨンへの出発時にオルタンスと仲違いをしていたし、またアデールとはこの町の滞在中に縁を切っていた。当時六〇歳に近い年齢だったにもかかわらず、この女性の結婚への願望はおさまっていなかった。彼女はアルチュールの父を説き伏せられなかったが、その不在を利用し、皆に「アンファンタン夫人」と呼んでもらうことで我身を慰めようとしていた。

アデール・モルラーヌが彼の教理にいかに無関心だったかを物語る、ある背信行為を知ったときのアンファンタンの怒りは大きかった。それがあまりに大きかったため、三十年来続いてきた二人の関係を躊躇せず断ち切ってしまおうとするほどだった。あわてて友人が仲裁に入り、容赦のない彼の決断を翻そうとしたほどだった。

アルレス・デュフールは彼にこう書いている。

「アデールへのあなたの姿勢はちょっと行き過ぎではないですか、いや極端といってもいいかもしれません。……あなたは配慮や交友を強調するあまり、危うく彼女を狂乱状態に陥らせるところでした。……節制とか孤独とかを誇張し過ぎて、狂乱状態に陥らせてしまったのです」

しかしアンファンタンは強情だった。彼はP・L・Mの取締役に指名された一八五六年一〇月、パリに住むため戻ってきた。だが、アデールにもオルタンスにも会ったようにはみえなかった。もっとも、その点については、息子に送った一通の手紙にはっきりと示されている以下の立派な理由があったからである。

「私が始めた生活のかなり風変わりな主張を考慮して、シャプタル通りの住居に一人で住むことはないと是非伝えたいと思います。私はその住まいで、あなたのまだ知らない女友だちの温かい心遣いと協力が得られるでしょう。

この奇妙な報告と、それがもたらすにちがいない苦痛にもかかわらず、何よりまず私の決断を、神が私に与え、またあなたの母が少しも理解しようとしなかった使命の重大な段階、おそらく最終段階に見合うものと考えてほしいのです」

アンファンタンと住まいを共にする人物とは、その数年前に夫ギヨームと離婚していた魅力的な女性ユージェニー・フロリエであった。

この当時のギヨーム夫人が何歳だったかを教えてくれる資料は残ってはいないが、「若くて無邪気な幼女」のような姿で通ってきていたこの女性とメニルモンタンで知己になったこと、また、彼女が一六歳と一八歳の二人の子持ちだったことを考えに入れれば、おそらく三七～三八歳だっただろう。

アルチュールはびっくりしたというよりつらい思いにさせられた。アンファンタンの友人によっては厳しい非難の言葉を浴びせるものもいた。オルスタインはすっかり腹を立てた。けれども、「教父」はこうした非難に動じているようには見えなかった。

「兄と私が結婚前に生まれたことや、正式な結婚届も出さずにアルチュールが生まれたことは無駄ではありません。私はこの問題に関し、実にたくさんのおかしなことが言われたり、行なわれたりしてきました。今もなおそうした噂が飛び交っていると強調しておきたい。三〇歳のときも六〇歳になった今も滑稽な噂の数々を！」

だが、信徒のサークルがすぐにまた教父の周囲に形成された。この二三年来初めて教父は信徒の再結集を司り、自身の哲学的教育を開始することに同意した。

かくも長い期間弟子たちを自立の道に追いやっておいた後で、アンファンタンは再び全責任を引き受けたのである。

「シャプタル街はモンシニー街ではなく、二六年の時空を経ているとしても、他の誰かが私に取って代わるまでは、至高父であり、新しい信仰のサン・ピエールで、サン＝シモン主義の教皇たる人物の住まいである」

ギヨーム夫人の存在については、いっとき彼の友人たちを遠ざける原因になったとはいえ、逆に、彼らをすぐさまアンファンタンのもとに引き寄せるのに大いに貢献したことからもわかるように、この若き人妻の持つ魅力は最も気難しい検閲官たちの心をもしっかりとつかんでしまうほど強烈であった。日曜日はまた再びサン＝シモン主義の集会日となり、するとそこはあっという間に人びとで溢れ返らんばかりの状態になり、そのため日曜日の午後に加えて土曜日の夜を追加しなくてはならないほどであった。

教父の六二歳の誕生日の祝いが行なわれた日には、二〇〇人以上がそのサロンにつめかけてきた。

第15章　アンファンタンの宗教的観念

〝死者に墓があるのは、生きた証し以外何の意味も持たない〟

一八五八年、アンファンタンは数ヶ月間サン・ジェルマン・アン・レイに休暇をとりにいった。この隠棲所の静寂な生活で、何年も前からその原理を構想し、そしてシャプタル街で長時間にわたり交わした議論から各部分をとりまとめ、こうして一冊の哲学的な大著を書き終えた。一八五八年八月に発表された『人間の科学』はアンファンタンの哲学的遺言書の第一部である。第二部は『永遠の生』という書名で三年後に出版されている。

この二つの著作には、異なるいくつかの主題に関し、同じ基本的な考えが展開されている。したがって、両者の間に三年という年月の隔たりがあるにもかかわらず、この二つは同時に分析してもいいだろう。

両作品はどちらとも理路整然とした論文形式をとっていない。それぞれ書簡、覚書、メモワールなどの混成体になっている。そのため論述の明晰さ、論証の厳密さが損なわれている。そこでは同じ考えが何節にもわたって表されている。しかし、生彩に富んだ文体の力強さのためか、こうした雑多な寄せ集めの作品を読んでも決して退屈させられはしない。思考の芳醇さについていえば、雑然とした堆積から素晴らしい驚嘆すべき箇所もあちこちに見出される。

『人間の科学』は、サン＝シモン主義を援用し、その前提のいくつかがアンファンタンから厳しい批判を受け、彼に形而上学的論文を出すきっかけをつくったナント在住のゲパン医師の作品『一九世紀の哲学』に対する『ゲパン医師への書簡』からつくられている。またこの最初の原稿の終わりには、一八三〇年に執筆された「『永遠の生』に関するデュヴェリエ宛の書簡[1]」と、その覚書の一つ（それは名高い骨相学者カバニスに関するものであった）が補遺として添えられている。

さらに著者は、その作品の第二部として、一八一三年サン＝シモンの手になる未完のテキスト『人間の科学に関するメモワール』と『万有引力に関する研究』——しかもそれらはいずれも未完ではなかった——をつけ加えている。

『永遠の生』もまた後ろにいくつかの補遺を、とくにノートル・ダムの説教壇で肉体の試練を称揚し、サン＝シモン主義者を攻撃していた「フェリクス教父への回答」をつけた司令官リシャール[2]宛への書簡というかたちで表されている。

この哲学的遺言書のなかで、アンファンタンは主に人間存在の生、すなわち、時間のなかの生と空間のなかの生という問題を取り扱っている。前者については、サン＝シモンが『新キリスト教』で漠然とかいまみせた観念を表現している。後者については、まったく独自の概念を提示している。全体としてみれば、サン゠シモン主義的形而上学はアンファンタンの構築物であるといえる。

アンファンタンは魂の不死性を信じている。

「個人にとって永遠の観念は神の観念の帰結である。無限の知性と愛、果てしなき物質界を認めた瞬間から、人はもし自分がこの驚くべき現象の一部であることを感得したなら、その永遠の未来と必然的に結びつくことになるだろう」

しかし、彼にとって、この不滅性、より正確にいうなら、この魂の永遠性は時間の二つの流れのなかに拡大していく。

「私は現在、過去、未来において永遠の存在である」

魂の誕生はその死と同様に説明不可能である。

「無限の漠とした表象である魂は、神と同じように永遠である。魂の現在はその過去の要約であり、かつその未来の萌芽である。というのも、魂は自身であることをやめずにさまざまな個体に具現されているからである」

ここにアンファンタンの第二の形而上学的原理が現れている。彼はキリスト教徒のように、肉体の死後、魂が別の世界で生き延びていくなどと信じていない。

「来世とけりをつけ、永遠にして普遍的な生であり、真の神たる現世を人びとに愛させなくてはならない。神は永遠にして普遍的な生である。それゆえ、いかなる存在もその永遠にして普遍的な生の表象であり、死によって虚無に戻ることがないのと同様、誕生によってそこから出ることもない。なぜなら、それは永遠性と普遍性の両方の特徴を帯びていて、それこそまさに神だからである」

しかし、もし不死の魂が来世で生きないとしたら、一体それはどうなるのか。別の肉体に乗り移るのだろうか。アンファンタンは魂の輪廻を信じているのか。次にあるように、彼の言葉のいくつかはそれを推測させてくれている。

「サン＝シモンは私のなかで生きている」

実際、アンファンタンは輪廻や魂の永遠の伝播を心底から信じていた。絶えざる相互作用により、我々の魂はこれを取り囲む存在のなかに拡散していくと同時に、それらの存在がもたらすものを新たに加えているのである(3)。

「私は、私ではないあなたたちすべてに育まれながら、神に向かって歩んでいく。同じように、あなたたちもあなたたちではない私に養われながら、神に向かって歩んでいく。なぜなら、私たちは神のうちにあるからで、また私たちの共通の生は神のうちにあるからである」

人間はすべてを与えてから死んでいく。その魂は宇宙のなかで生き延びていくが、その持っている個性は失われてしまう。人間の形而上的不安を和らげるのに不十分な教理はまさにそこにあるが、不承不承とはいえそれが弟子たちに受け入れられたのは、アンファンタンがその多くの著作を霊的個性崇拝の断罪に捧げてきたからこそである。

「この個性というものは、生ある間は、それを取り囲む周囲の環境の助力を得て初めて存在するのに、どうして死後の個性の永続という観念に吸収されてしまうのか。それは生涯を通じて自己のことしか考えないという危険、すなわち個性からその感覚を奪ってしまうという危険に身をさらすことである。個とこれを取り囲むものとの絶えざる交換、それこそ存在そのものである。[4]

個人の生を全体の生に結びつけること、現在の生のなかで、まず過去の生、次いで未来の生により大きな役目を果たさせること、ひと言でいえば、永遠の生、自己のうちの神を感得させること、まさにそこに人類が果たすべき進歩がある。この一八世紀来、人間は来世での個性の永続を信じてきた。そこから生じたものは何か。憎悪、不寛容だ！　人間を神と結びつけている信仰が、彼をその隣人から解き放ってしまっている」

そしてさらにこう述べている。

「かつて存在したもの、これから存在するものすべて、つまり個性などどうでもいい。エゴイズムだ！　自己の生の永続化や保持などどうでもいい。己の生などもはや全的に愛するものに与えられているのだ。お前はそれをお前の子供に、あるものは祖国に、またあるものは女性に、こちらは人類に、通りすがりのものは溺れ死のうとする子供に、兵士はその軍旗に捧げたのだ。……そうだ、彼であって、自我ではないのだ[5]」

アンファンタンにとって永遠の個性のこの放棄は、理性と真理の条件だった。

「ああ！　あなたたちは祖国、いや世界の救済のため、個性の供儀という力なくして、キリストを手にしたのだと思っていますね！　だが、私たちには一人のズワーヴ兵もいなかったのです」

このようにして、死者の魂は超自然的世界ではなく、生者の集合体のなかで永遠に生き延びていく。アンファンタンが墓を顧みないのもそのためである。

「骸ではなく死者を崇拝しよう。……死者への真の崇拝は生者のなかに、死者が愛した生物、思想、著作の中にあり、墓の遺灰のなかにはないのだ」

死者への真の崇拝は生者のなかにあるのだ！　魂の永続性に関するアンファンタンの信条《ドグマ》を要約する公式はまさに次の文中にある。「死者に墓があるのは、生きた証し以外の何の意味も持たない(6)」と。

＊＊＊

アンファンタンの形而上学のすべてがこの公式に含まれているわけではない。この公式は彼の形而上学のひとつの側面を要約しているにすぎない。

デュヴェリエ宛書簡で、アンファンタンは永遠の生に関する諸概念を提示してみせた。『ゲパン医師への書簡』で――そのなかでは生理学者が歴史家に置きかえられているが――普遍的生の信条《ドグマ》、空間における生を述べている。

生は継起する存在のなかで拡大し広がりながら、時間のなかで自己を継承していくだけでなく、さらにまた取り巻く世界との絶えざる交流、自我と非‐自我との交換によって、空間のなかに自己を拡大していく。このようにして、生は永遠となるだけでなく、さらに普遍的となる。「自我の永遠の生、それは非-自我との精神的交流での過去の自我、未来の自我の場所である。普遍的生、それは空間のなかでの、非-自我との物質的交わりによって生み出された自我の恒常的変化の表現である」。自我と非-自我の相互作用による永遠の変化は両者を神へと向かう進歩の道に導いていく。

存在と諸存在の集合体との精神的交流、世界との物質的交流、アンファンタンによれば、それこそ生のエッセンスである。

「我々すべては永遠のそれぞれの瞬間に、また無限のそれぞれの地点で、生まれそして死んでいく。自我も非-自我も永遠にして普遍的な生など所有してはいない。しかし、自我はただ非-自我を再生させるためにのみ死ぬのであり、こうしてそれは非-自我のうちでよみがえるのである。そして生のこの絶えざる交換は空間のなかに、普遍的生の物質的刻印を穿つのである[7]」

アンファンタンは自我と非-自我の精神的交換と物質的交換とを同一次元に置いている。そこからサン゠シモン教理における精神と相等しい物質の復権が生じてくる。物質は神聖であり、それは次のように愛されなくてはならない。

「人間は自身のうちに自然を代表するその全分子を通じて、自然全体と交流する。この交流、それは闘いではなく、愛である」

物質、そしてまず肉体である。精神と肉体との間には対立はない。

「精神と肉体との二元論は善と悪との二元論と同じ種類のものではまったくない。……聖霊、聖なる肉体……生殖器官は脳髄と同じく尊敬すべきものである」

アンファンタンは生殖行為の美しさ、それを通じて生殖行為が成し遂げられる生殖器官の重要性を臆せず強調している。肉体の蔑視者たちをからかい、彼はこう書いている。

「唯一、あるいは何よりとくに、終焉した存在を永遠と一体化させるこの素晴らしい仕事（生殖行為）が、副次的な、最下級の、取るに足りない器官によって成し遂げられながら、他方、尊敬すべき、至上の、神聖なる器官が二×二＝四、三角形の内角の和は二直角に等しいという結果を生み出すためにあてられた器官であるというのは何と素晴らしいことだろう(8)」

アンファンタンは肉体への信仰と同時に、全物質界の、子として親に抱くような愛情を捧げている大地への信仰を次のように教えている。

「おお、大地よ！　お前は私にお前の生命を授けてくれた。そして彼らは、私がお前に私の骸しか与えないだろうと言っている！　そんなことはない、私はこれからも、そして今も、絶えず私の愛のすべて、私の血のすべてをお前に与えるだろう。お前は私の母なのだ！　お前はお前の子供から称えられ、美化され、飾りたてられるだろう。お前はお前の胎内の御子のなかで祝福されるだろう、なぜなら、お前は私にとって素晴らしいものであった以上に、私はお前を万人にとってなおもっとすばらしいものにしてやるから(9)」

この文章はサン＝シモン主義者の大工事への根気強い使命感の哲学的見解を要約している。この学派は他のすべての学派と異なり、自己の教理をつねに事実のなかに表現しようと努めたことをここで再確認すべきである。サン＝シモン主義者にあっては、しばしば行動が教理、あるいは少なくとも教理の表出に先行していた。アンファンタンが普遍的生の理論を作り上げるのは一八五八年であるが、彼の頭にスエズ運河の掘削工事計画が生まれるのは一八三二年からであり、さらにサン＝シモン主義者たちがさまざまな資産を持ち寄り、称賛に値する辛抱強さを発揮しながら、スエズ運河掘削工事計画、ナイル川巨大ダム計画、フルネル、タラボによるアルジェリアの鉱山の開発[10]、アルジェ港、サハラ開発計画、タラボ、ラメ、クラペイロンによるフランス、ヨーロッパ、アルジェリアの主要鉄道路線の建設などの大土木事業に取り組むのはこのときからである。大地を掘り返して、これを人間にとってより快適なものにし、こうして人間の運命実現の手助けとなり、また彼らの有する科学と労働で物質を豊かにすることによって、サン＝シモン主義者は自我と非-自我の調和的な交流を実現し、こうして神の道を進んでいき、さらに地球を前進させられると感じていた。

アンファンタンはその数々の哲学的理論から数多くの定理を取り出しているが、当然のことながら、その大部分は人間の科学――生理学と医学――に適用され、またそれは『ゲパン医師への書簡』の対象になっている。

アンファンタンによれば、医学は人間を孤立した個人として考察することから始めてはならず、「すべての個人は非-自我と対《ペア》を構成し、この対《ペア》の二人の成員は相互に生命を授け合い、互いに協力し、そしてこの結合を通して普遍的生に与るのだという観念に従い、人間を外部世界との関係のなかで考察することから始めなくてはならない」としている。

人間には二つの流れが存在する。一つは遠心的流れ（自我から非-自我へ）、もう一つは求心的流れ（非‐自我から自我へ）の二つである。人間は知性に従う有機体であるよりも、生殖器に従う知性であるかのように、求心的な流れに依拠してきた。実際この二つの流れは三種の現象、三つの生を誘発している。「自我の活動的生、非‐自我に依存する受動的生、相互交流の生――自我と非‐自我の結合を図る宗教的な生、能動と受動の永続的交換、自由と服従、享楽と犠牲、エゴイズムと献身、愛の欲求と愛の結合」というように。人間の科学はこれら三つの分野に専念しなくてはならない。生理学は第一番目、解剖学は第二番目、医学は最後の第三番目というように。

＊＊＊

これまでサン＝シモン主義の注釈家は、アンファンタンの宗教思想はどのような影響を受けて出来たかを追求してきた。彼の構想とヘーゲルの汎神論[11]とを結びつけるものもいた。また、フィヒテの理論、シェリング、ノヴァーリス、ドイツ浪漫派[12]などから着想を得たという仮説も立てられたりした。この点については、『人間の科学』の一五五頁で述べられたアンファンタン自身の宣言文だけにとどめておけばいい。「聖アウグスティヌスとカバニス[13]が私の恩師だった」と。けれども、聖アウグスティヌスからみれば、おそらくアンファンタンの理論のどこをとっても自説の影響は認められないといって否認するだろうし、またカバニスの教理もほんの限られた部分しか影響力を与えてはいない。しかも、アンファンタンはいつものように謙遜しながらこう断言している。「カバニスは今私が述べたことをすべてわかっていたが、ただすべてを考察したわけではなかったのだ」と。

実際、アンファンタンの思想に与えた影響の明瞭な痕跡をたどるのは無益なことである。彼がさまざまな影響を受けたことは確かである。素晴らしい感受性を備えた感覚を通して、彼の「自我」はつねに「非-自我」との接触を保っていた。しかし、それは歴史の奥底から生じ、『社会の哲学』すべてを浸している大きな思想の潮流の、はっきりとは名づけられない影響力であった。

魂の形而上学的問題に直面したとき、人間の知性が選択できる選択肢は次の三つのどれかしかない。一方で物質万能主義《マテリアリスム》、他方で魂の不死と人格への信仰、その最も純粋な表現がキリスト教である。この両極端の二つの姿勢の間に、中間的なさまざまな妥協案、例えば、宇宙の魂への古《いにしえ》の信仰、ギリシャ人や東洋人の汎神論のような中道的な道がある。アンファンタンが取ったのはまさにこの中道的な道である。彼は物質万能主義や魂の人格などはっきりと拒絶している。こうして「キリスト教的唯心論の庶子で無意識的な弟子であるが、前世紀の物質万能主義の直接的で非常に意志的な門弟ともいうべき生理学者や解剖学者」を攻撃し、さらにもっとはっきりと物質万能主義を弾劾した後に、彼はこう書いている。

「ところで、人間が人間の奴隷と信じられていた社会では、すべての人はこれを宿命と信じていた。だが、この単純な真理を心に見つけたひとりの人物は社会に向ってこう宣言した。ここにイエス・キリストが現れ、こう言った。世に「神」はたった一人しか存在せず、私は「神」の息子で、君たちはすべて私の兄弟である。……けれども、この二つの体系のどちらも私には真実とは思えない。孤立したそのそれぞれは不条理に至るからである」

アンファンタンが身を投じたこの中間的な道で、とくに彼の後押しをしたものは一人もいなかった。ギリシャ人や、西暦初頭以来のあらゆる混合主義の弟子たち、神知論者、人知学者らが導かれていったのと同じように、可能な他の二つの道の拒絶が否応なしに彼をそこへ導いていったのである。アンファンタンは人間の生来の思想を表現したのである。

しかし、彼の構想を独創的なものにしているもの、その構想をギリシャ人の冷たい汎神論と区別しているもの、それはそうした構想がさらにキリスト教の熱気を受け取っていることである。サン＝シモン主義者はいつもキリスト教への知的、道徳的郷愁を覚えていた。サン＝シモンは彼の哲学的エッセイに『新キリスト教』というタイトルをつけている。アンファンタンは異端者であるにもかかわらず、何ということか、その祈りの文句にはキリスト教の響きが見出されるのだ。さらにまた、彼はキリスト教の深淵にオリジナルな意味を再発見したと主張してこう述べている。

「食べなさい、これが私の肉体だ。飲みなさい、これが私の血だ――理解されることのなかった素晴らしい啓示だ、なぜなら、それが例外的な行為として、神と人間との一体化として教えられてきたからだ。そこに同胞、自然全体、普遍的なパンと葡萄酒との一体化のシンボルを認めなくてはいけないのだ(14)」

だが、アンファンタンは真の教理を再確認したなどと馬鹿げた確信を抱いていない。キリスト教への魅力があまりに強くて、ある日自身の理論に疑問を抱き始めたほどである。この高慢な理論家はある頁で（全著作中でたった一頁であるが）、ためらいつつこう述べている。

「この問題について、核心部分……（魂の不滅性）については、神は我々に信仰、確信をもたらしてくれた。……しかし、形式については、神は我々に疑問、不可解、希望といったものだけを抱かせている」

第16章　最後の奇妙な活動

アンファンタンはサン・ジェルマン・アン・レイにはわずか数ヶ月しかいなかった。一八五八年末、彼はパリに戻った。共同体の再編成が目論まれるとともに、すぐさまサン゠シモン主義者の集会が再開された。この再編成の最初の第一歩が相互扶助協会の組織であった。ジュリアン・ガルによって創設されたこの組織は、「家族《ファミーユ》」という名称のもとにヴァンサールの手で発展していった。アンファンタンはこれを各種の遺贈を受け入れる許可を得た救済事業団体に変え——彼自身も死後これに六〇〇〇フラン残すことにしていた——そしてその指導管理を、鉱山技師長になり、長期にわたる仲違いの後、再びサン゠シモン共同体に復帰してきたアンリ・フルネルに委ねた。

一八六〇年にはもう一人の著名な異分子が戻ってきた。一八四八年にほんのいっとき姿を隠していた後、コレージュ・ド・フランスの教授を経てアカデミー会員となり、栄光の頂点に達していたミシエル・シュヴァリエである。

そのため、サン＝シモン主義者の集会はしだいに華やかになり、またその回数も増していった。一八六〇年一〇月には、友人らをより多く迎えられるようにと転居し、ブーローニュ通り三六番地に身を落ちつけた。これこそ、教父の疲れを知らない脳髄から滲み出て、斃れるまでその実現を目指して追求し、その死後、現実的な成果には至らなかったものの、友人たちが後を受け継いでくれた新しい構想の生まれた場所である。おそらくその構想は、アンファンタンが考えた他の数多くのアイデアと同じように、時代の先をいくものであり、さらにいえば今日我々の時代をもはるかに先んじるものであった。「人材銀行《クレディ・アンテレクチュエル》」の設立がそれだった。

物質的生産物、とりわけ知性を、それが当然あるべき段階に置いてやる、そういう時代が到来したとアンファンタンは考えていた。さらにアンファンタンはこう述べていた。「知性はもはや受けた試練や苦痛を自慢するに足るほど寛容ではない」と。したがって、科学と芸術を進歩させようとしたら、地主が不動産を担保に、また商人が資本を担保にして借金できるのと同じように、創造者がその知性を担保に借金できるようにすべきであった。それは銀行家に新たな役割を担わせることであり、そして彼らの見地からすると、かなり不安な役割であった。確かに、アンファンタンは一種の保証制度を考えていたことは事実である。けれども、そうした保証は法外な利率に通じる危険を存続させてしまうことになってしまった。アンファンタンの存命中も、また彼の死後、忠実な信徒であるアルレス・デュフールが自己の負担で計画を再開したときも、事業を挫折させたのはまさしくこの利率の膨張であった。

＊＊＊

だが、アンファンタンの知性は活力を保っていたものの、心身をすり減らす生活で肉体は衰えを感じ始めていた。一八六一年には、まだ六五歳という年齢にもかかわらず、徐々に強い倦怠感を感じてきていた。

「今年はまだ少し狩猟はできるかもしれない。でも、これが終わりの年でないとしたら、自分でもきっとびっくりするだろう」

とはいえ、彼はほとんど転居もせず、また友人のアルレスも絶え間なく彼に説教していた。

「もし身体の震えを無視して、煙草を吸い、コーヒー、マルサラ〔シチリア産甘口ワイン〕やブランデーを飲み続け、また同時に白熊のよたよた歩きの状態に追いやられてしまったら、少なくとも知的な意味からすれば、皆から軽蔑されるようになってしまうことは間違いないでしょう」

しかし、アンファンタンにとって年齢が闘争への嗜好と快楽への欲求を妨げることなどなかったから、こうした賢明な忠告には一切耳を傾けなかった。彼はアルレスにこう答えた。

「最も元気で長生きするのはどちらか、一言でいえば、我々二人のうちで一番快いミイラとなるのはどちらか、きっとわかるでしょう」と。

アルレス・デュフールは、もう一つ別の問題にも口を差し挟まなくてはならなかった。それについてはアンファンタンの生涯でも最後の、またおそらく最も困惑させられる不可解な謎に手を触れることになるだろう。

実際、一八六三年、教父の側近に不可思議な謎が提示されたことである。それはあまりに巧妙だったから——いずれそれはわかるが——思わず側近たちを不安や驚愕に陥れる原因になった。

アンファンタンの不可解な人間性は、彼の人生を通り過ぎたどの女性の心にも手ひどい爪痕を残していた。女性的美徳を神的存在と形容していいほどに崇拝し、また女性解放のための情熱的な闘いにあっては、世論の厳しい非難にも、判事の厳格な姿勢にも少しも恐れなかったこの男が、それまで愛情を抱いて接した女性に対してどうだったかといえば、ひとりの例外もなく皆精神的な均衡を失わせたことである。手紙が証明している通り、彼の母は狂的に近いと言ってもいいくらい溢れんばかりの愛情で彼を愛していたし、またアデール・モルラーヌを危うく発狂状態に陥らせてしまったのも目にした。さらに情熱的なオルタンス・ジュルダンをヒステリー状態にまで追いやったりもした。ユージェニー・ギヨームも例外ではなかった。一八六三年、彼女は友人たちを不安に陥らせるような精神的に不安定な兆候を示し始めた。そしてある日、彼女は「自分はアンファンタンの娘だ！」などとんでもない打ち明け話をしたのだった。

この暴露話が側近たちに生じさせた結果を想像してみるといい。最初に仰天した時間が過ぎると、側近中の側近であるアルレス・デュフールは「教父」に、かつて自分も妻に逃げられたことがあると打ち明けようと決心した。だが、アンファンタンはこれをあまり好意的に受け取らなかったようにみえる。事実、一八六三年四月付けのアルレスの次のような手紙が残されているからである。

「私はあなたの権威、否むしろ指導者の権威、社会主義の父としての権威に執着していればこそ、私は義務を果たしたうえで、長い躊躇の後、今後もう二度と触れることのないこの問題についてあなたに注意を払ってもらおうと決心したのです」

ユージェニー・ギヨームが流した噂に何か真実は含まれているだろうか。アンファンタンが最後の愛人関係を告げたとき、こう書いている。「私は人生で実に数多くの滑稽な行為をしでかしてきた。それでもなおまだそうしたことをしたいと思っている」。彼が近親相姦を究極の滑稽な行為と考えていたと想像できるだろうか[1]。大勢の同国人の悪意により、ありもしないスキャンダルでいっぱいの人生を、スキャンダルのうちでも最も真正で恐るべきスキャンダルで飾りたてたいと望んでいたなどと信じられるだろうか。それとも、彼の伴侶の告白に、もっぱら調子の狂った精神の背徳的な表出だけを見た方がいいのだろうか。アンファンタンの友人たちが最終的に採ったのはまさにこの最後の仮定だった。これらの証人は我々の確信を保証してくれるはずである。

アンファンタンが透視力の才を発揮する機会はしょっちゅうだったから、ある日突然死に襲われたりしたら、皆をびっくり仰天させる事件になっただろう。しかし、そうした出来事は起こらなかった。一八六四年八月六日、息子に手紙を書いている。彼は二年ほど前から身体が衰弱し始め、我が身を少しもいたわっていなかったことはアルレス・デュフールの忠告からも明らかである。それにしても、彼の健康状態はそれほど悪化しているようには見えなかった。けれども、この八月六日、息子に宛てた別れの手紙を書いている。とはいえ、それは絶望的な別れでも、悲しみに溢れた別れでも、さらには厳粛な別れでもなかった。それはただ単なる別れの手紙であった。それこそ教父の最後の滑稽な行為だった。

「さようなら、三七歳の可愛い息子よ！」と。

それからアンファンタンは友人に会いにノルマンディーに出発した。八月二三日、そこから戻り、着くやいなや脳充血に襲われ、斃れた。一八六四年八月三一日午前六時の死亡時まで、もう二度と再び意識が戻ることはなかった。

＊＊＊

葬儀は九月二日に行なわれた。華々しい儀式など一切なかった。祭儀も一切認められなかった。故人の遺志だったからである。

「他者の信仰に対してスキャンダルなど起きないように、また私の信仰を少しも損なわぬようにと願い、葬式にはいかなる宗派であれ聖職者の出席は一切なしで、きわめて簡素なものであってほしい」

しかし、厳粛な面持ちをした多数の群衆がその亡骸を見送ろうとペール・ラシェーズ墓地までついていった。アルチュール・アンファンタン、その包括受遺者であるアルレス・デュフール、公証人のデュフール夫人らが葬列の先頭に立った。彼らの後にはデシュタル、ローラン、フルネル、ゲルー、ヴァンサール、デュヴェリエ、バロー、イザック・ペレール、フェリシアン・ダヴィド、ルイ・ジュルダンなどアンファンタンの最も古くからの仲間の一団が続いた。

こうして、遺骸が埋葬されたのは他の仲間の傍ら、サン゠シモン、オランド・ロドリーグ、ユージェーヌ・ロドリーグ、エドモン・タラボらのすぐそばであった。

墓地から戻り、アルレス・デュフールが亡き教父のライティングテーブルを開けると、そこには数行にわたり文章の記された一枚の紙片があった。亡き教父が書き記した最後の数行とは以下の通りである。

「秋がきた。子供たちよ、もう教父から何か与えてもらおうなどと思わず、教父に与えてやるのだ！あなたたちのうちに、いささかでも私を苦しめたものがいただろうか。神の祝福のあるように！」

第17章　七つの顔を持つ預言者

これまでに述べたなかで、アンファンタンの生涯に関する主要な出来事や文献は残さず挙げておいた。理工科学校図書館の資料や、アルスナル図書館に保管されているサン＝シモン主義関連の数多くの文書により、この変化に富み、かつ世に埋もれた不可思議な人物の持つ顔のすべてを明らかにできたと思う。多彩な顔、この思想家の最も明白な資質が隠されているのはまさしくそこである。それを納得したいと思えば、彼と知己になった同時代人――友人でも敵でも、そんなことはまったく重要ではない――が彼に下した判断のいくつかを記すだけで十分だろう。

「アンファンタンはまさにとんでもない悪魔だ」（クレール・バザール）。「教父よ、あなたこそ愛の生ける定義なのです」、「あなたの心は友愛のバシリカです」、「太陽を信じているように、私はあなたを信じています」（何人かの弟子）。「あの男は決して人を愛したことなどないし、これからも決して愛することなどないだろう」（ミシェル・シュヴァリエ）。「今イエス・キリストについて考えているけれど、私にとってあなたはそれよりももっと立派で偉大な存在です」、「野心家のあなたは必ずや孤独で哀れな状態のまま死んでいくでしょう」（オルタンス・ジュルダン）。「こうしたみだらな書物の作者は告訴しなくてはならない」（ワロン）。「もし私がサン＝シモン主義者であるなら、まず何を措いても真っ先にやらねばならぬことは教父アンファンタンに平手打ちを食らわせることだ」（プルードン）。「地獄の悪魔の豚男め！」（テレーズ・ニューグ）。「きっと女性が彼の脳髄を打ち砕いてくれるだろうと私は信じている」（ジャン・レイノー）。「親愛なる名高き哲学者」（ラマルチーヌ）。「あなたは私が深い友愛の情で繋がっていると感じていた普遍的生の見者のひとりです」（ヴィクトル・ユゴー）。

アンファンタンが我々にみせている最初の顔は、行動の人というそれである。経済的な領域であれ、宗教的な領域であれ、アンファンタンは自己の信条《ドグマ》を必死に生き抜こうとした。観想の組織化においてまで、彼は行動の人であらんとした。人生の第一幕では、目的に到達できなかったことは事実である。しかし、セバスティアン・シャルレティが述べているように、「己の妄想のためにどんなことも犠牲にできる人間が尊敬をかち得、またその教説が実現したらきっと困惑するにちがいない世の改革者に対して、人がしばしば投げつける不誠実という非難には行動をもって答えている」のである。

後になっても、サン＝シモン主義は否認されることなく、実践に移され、今日まで続けられている壮大な産業的、財政的、社会的事業の実現の道に入っていった。その企ての最終的な結果がどうであれ、アンファンタンはつねに強力な組織力を利用し、近づいてきた人たちの熱烈な賛同を獲得することに成功した。こうした賛同は教父の類い稀な人となりを立証している。メニルモンタンでの着衣のように、彼は熱烈な弟子たちの一団を実に突飛な、風変わりなとさえ表現できるかもしれない行動にまで導いていった。単に肉屋の見習い店員デロージュとかお人好しの工員クルエだけでなく、当代一流の人物だったアカデミー会員ミシェル・シュヴァリエや哲学者ジャン・レイノー、フルネル、ランベール、タラボのような傑出した技師たちや偉大な雄弁家のバロー、著名な銀行家や名高い新聞記者などまでも！

弟子たちに与えたアンファンタンのこの力の源泉は一体どこにあるのか。彼の備え持つ絶大な人間的魅力だけでこれを説明するのは十分ではない。この天才はほんのつかの間の閃光のようなかたちで現れただけだったから、豊かな批判的精神の持ち主たちの心など到底つかむことはできなかった。そのバイタリティは人を引き寄せることはできても、じっと引き止めておくことはできなかった。これら長所のどれも、彼が幾たりかの個人に及ぼした真の魅力を説明してくれるものではない。例えば、もしアンファンタンの側からの並外れた霊的才による憑依現象ということを認めなかったなら、女房を寝取られ、それでも崇敬の念に満ち満ちていた男ルイ・ジュルダンの信じられないような手紙は一体どう理解したらいいのか。この霊的才の性質については、ひとりの人物が詳細に伝えている。それはミシェル・シュヴァリエである。彼がアンファンタンの直近の弟子で友人でもあり、獄中での伴であると同時にその最も容赦のない敵であった、というように次々に変化していった人物であり、したがって客観的にみても主観的にみても、彼を完璧に判断できた人物だっただけに、彼の証言はいっそう貴重だといえる。さて、「教父」に向かって加えられた攻撃の数々を咎めるアルレス・デュフールに対して、一八三八年七月、シュヴァリエがどのように書き送っているか見てみよう。

「アンファンタンは現存し、またこれまでに存在したうちで最も偉大な催眠術師の一人である。この点については、彼の視線の理論は貴重な告白といっていいだろう。[1] 彼はあなたを魔法にかけ、あなたは現在もなおその魔法にかけられたままになっているのです」

催眠術というものが本当にアンファンタンの他者を幻惑する力の秘密でありかつその行動のバネだったのか。この解釈はいささか突飛すぎるかもしれない。むしろその人間性に求めたほうがいいかもしれない。

私がアンファンタンに認めた二番目の顔は心優しい人というそれである。その行動の多くは、どちらかといえば厳格な傾向を帯びていることはもちろん承知している。オランド・ロドリーグとの絶交を強調したその容赦のないやり方、ミシェル・シュヴァリエをはねつけたそのかたくななやり方、アデール・モルラーヌとの関係にもたらした破局などを見る限り、心優しい人とか愛情深き人というより、冷酷な人とか、さらに加えれば酷薄な人という姿が認められるかもしれない。しかし、後者の事例は、神聖な使命を遂行しているのだと信じていたからこそそうしたのである。「私は厚かましくも使徒としての栄誉を手にして当然だと主張するようなすべての人には、この私の指の万力で締めつけてやらねばならなかった」と。そして前者の事例では、彼は死んだ愛情の重荷を背負っていたからだった。

このような粗暴な振舞いがあるからといって、彼が生涯を捧げた教理の高邁さを軽視してはならない。アンファンタンはサン＝シモンと共に、社会主義《ソシアリスム》の、それも人間的情熱を決して失わなかった社会主義の真の創設者であった。『生産者』や『地球』で激しい弾劾の論文を発表したのも、まさに民衆の悲惨な生活、さまざまな不平等や悪弊に強い衝撃を受けた人間の立場から発したものであった。

彼がサン＝シモン主義の小共同体に捧げたものこそ紛れもない教父としての信念だった。見栄っ張りなこの人間が、弟子たちからの限りない賛辞と盲目的な服従とを引き換えに、彼らを愛したというのは本当かもしれない。けれども、彼を否定したものだろうと、誠実な友であり続けたものだろうと分け隔てなく、逆境に置かれれば、名前を秘して支援の手を差し延べてやることを躊躇うことは一度としてなかった。エジプトから帰国した際も、オリエントで斃れた仲間たちの未亡人や母親たちを救済するために持てる私財のほぼすべてを投入したほどだった。最晩年に至るまで、彼はサン＝シモン主義家族集団へのさまざまな救援事業に専念したのである。

それでもなおアンファンタンの寛容ぶりを疑う人がいたら、彼がモラルと形而上学に捧げた奇妙にして情熱に満ちた文章を再読するだけで十分である。愛は彼の全構築物のキーワードであり、またそれはサン＝シモン的社会主義の要石であった。

「私はもうこんなふうに愛したくはない。では、どのように愛したらいいのだろう」。なぜ彼は獄舎の奥からこのように呼びかけたのか。それは不毛な心を愛で目覚めさせようとする人間の叫び声なのだろうか。そうではない。当時アンファンタンは神秘的な快楽にすっかり熱中していた。「私は今獄中の奥底で目覚めたオリエントの声を耳にしているのだ」。そして、いつもそれ以上に愛するのだ、もっとよく愛するのだ、という彼に与えられた祈りの言葉が彼の唇に浮かんできたのである。

実業家としてのアンファンタン、それはどれほど強調してもし過ぎない側面である。なぜなら、華々しい全生涯にわたり、その姿ははっきり鉄道に示されているからである。しかもそれはアンファンタンにだけ特有な側面ではなく、多くのサン＝シモン主義者を特徴づけている側面でもある。ミシェル・シュヴァリエ、フルネル、タラボ、ペレール兄弟、アルレス・デュフール、デシュタルらもまた産業界や金融界において実に見事な成功を収めたのだった。一方で、「新しい信仰の長、人類の教父、生きている法」の教えに宗教的に従い、旗をなびかせ「さあ立て、ブルジョア、労働者よ」と歌いながら、メニルモンタンの庭園を重々しい調子で巡り歩いていた人びとと、他方で、事業の収益を正確に見積もり、驚嘆すべき敏腕さと有能ぶりを発揮してこの事業を完了させた人たちの姿を提示してみるのは、サン＝シモン主義の最も興味深いパラドックスの一つといえる。

経済学説、社会理論、道徳や宗教体系など、アンファンタンの主要著作を通して、哲学者の顔が現れている。

宗教的領域では、現在ヨーロッパで広がっている神智学の大きな運動へのアンファンタンの影響は見出せず、そして数千年にも及ぶ古い東方的観念を再発見させてくれた。反対に、経済、社会学の領域では、素晴らしい発展を遂げ、この地球の半分を変えた数々の新しい考えをもたらしてくれた。

この主要な考えとは何か。それは経済的機能が他のすべての機能を吸収してしまうほどに称揚されている新しい国家観とか、新しい所有の概念、消費物資の所有が増大するためには、生産手段の所有が集合化されなくてはならないという新しい所有の概念などである。[2]これらの概念はプルードン、カーライル、マルクス、バクーニンらに大きな影響をもたらした。これらの考えが現在〔一九六三年、本書出版当時〕共産主義国家の基盤になっているものである。それらは私が本書の冒頭で投げかけた、アンファンタンがもたらした業績の本当の意味での影響力への問いに十分答えてくれている。

アンファンタンによって広められた教理の豊穣さの他のもう一つの証拠は、「サン＝シモン主義からの異端者の増大」で示されている。ビュシェは「進歩の宗教」を、ピエール・ルルーは「人類の宗教」を樹立し、ジャン・レイノーは『天と地』のなかで宇宙の転生の理論を述べ、コンスタンタン・ペクールは「普遍的結合」を提起し、ヴィダルとルイ・ブランは生産の調節器である国家のサン＝シモン主義的原則を採り入れ、カベは『真のキリスト教』を執筆した。

アンファンタンの神秘的な顔についていえば、何らかの状況により、あるいは自身の意志で、めまぐるしい時代の動きから遠ざかるたびに、それが露になっている。

メニルモンタンでは『新しき書』の作成と、（神の）御言葉の定式化に全力を注いでいる。サント＝ペラジーの独房で、新たに謙虚な気持ちを抱き、神の方を向いてこう述べている。

「父よ、私はこの孤独のなかであなたの加護を祈ってきましたが、今はあなたの祝福への渇望でいっぱいです。しかし冷静な私は、ひたすら待っています。いかに待ち切れなくても、私の手はあなたの約束の盃を倒したりはしません。私はあなたがそれを愛の飲物で満たしてくれたことを知っています。私は待っています、でも今は喉が渇いてたまりません」

後に、クルソンでの孤独な生活での降神術で薄く色づけたその神秘主義は、さらにくすんだ色調を帯びていた。しかし、生も終わりの頃、『人間の科学』や『永遠の生』の作品になると、彼はあまり正統的でない方法で、神への熱烈な探究に立ち戻っている。

とはいえ、神秘主義の時期を通過するたびごとに、彼の魂はすぐさま神の偉大な道を逸れ、偶像崇拝への誘惑に転落していったことをはっきりと認めておかなくてはならない。

なぜなら、アンファンタンは偶像崇拝者だったからである。そしてその崇拝の対象は女性だった。だが、激しい愛情が彼の人生を貫いたことは一度もなかったことも事実である。息子の母アデール、娼婦のジョゼフィーヌ、彼がその腕に抱かれて死んでいったユージェニー・ギヨームなど、確かに彼はさまざまな女性と愛人関係になった。けれども、これらの女性の誰一人として、彼の作品の一頁、情熱溢れる手紙の一通も生み出す刺激になってはくれなかったし、あるいはまた彼が惜しげもなく振りまいたあの奇妙な行動の刺激剤にはならなかった。

実際、彼は熱狂的に探し求め、フランスやオリエントまで探しにいったが、想像のうちにしか存在しなかったため発見できなかったひとりの理想の女性、教母に恋していたのだ。彼の俗世での数々の愛の凡庸さは、そうした夢想への忠誠の代価である。

彼は教母を気も狂わんばかりに愛していた。神秘的な感情の激発が優位を占めるたびに、その精神と肉体を苛む象徴的存在に称賛の言葉の束を投げかけていた。メニルモンタンでも、獄中でも、エジプトの熱帯夜のなかでも、彼は教母の名を呼び、待っていたのだ！

「父よ、話しましたね。彼女はまだやってきません。でも、彼女は私の声を聞いたのではないでしょうか、ねえ。

……この時間に彼女は何をしているのでしょうか。もうはるか以前から私は彼女を愛しています！神よ、彼女もまた私を愛しているのかどうか、どうか教えてください。どうかそれを言ってください、私には待つ力はあるのですから」

しかし、あまりに長く待ち過ぎたため、また激しいけれど少しも満たされなかった情熱のため、アンファンタンはマゾヒズムへと導かれていった。周りの人にあれほど完璧な権威をふるっていた人間が、みずから屈服を望んでいると知って意外に思うかもしれない。愛してくれた生身の女性たちに、ずうずうしく、厳しいこともしょっちゅうだったアンファンタンが、震えながら「教母」の足に口づけしているのである。彼は教母が自分より優れた存在であることを受け入れ、彼女が夫婦の官能的生に全権を持って命令を下すことを受け入れているのだ。優しいその腕のなかで、彼女が「サン＝シモンの息子たち」を奮い立たせてくれるのを苦しみながら受け入れているのである。

だが高慢なマゾヒズムこそアンファンタンのマゾヒズムだった。彼は自身で鎖を鍛造し、愛人が彼を支配してくれる頂まで自身の手で連れていってあげようとしていた。

「私はこの自由をいつ失うのだろうか。はっきりとわからないけれど、私を結びつけている黄金と鉄の鎖、富と力の鎖を私の手で鍛造した後で初めて、愛の奴隷制を征服できると信じている」

アンファンタンの最後の顔は見者のそれである。私が彼を「預言者」と名づけた理由もそこにある。私は幾度も「あなたこそ普遍的生の見者のひとりだ」と語るヴィクトル・ユゴーの文章を取り上げた。なぜなら、どの証言をとっても、この天啓を受けた詩人の証言ほど説得力のあるものは見当たらないからである。

霊的喚起と並んで物質的企図にあっても、アンファンタンは見者だった。彼の告げる社会主義は建設されたし、アルジェリアに関する数々の予言、ヨーロッパ全体にわたる政治、イスラエル国家の創造も実現された。彼の予見のいくつかが妄想と感じられるとしたら、おそらくその予見が我々の時代をはるかに先行し、次世紀になって初めて実現されるはずのものだからである。

アンファンタンの預言者としての顔は、サン゠シモン主義運動全体に神秘的な光を投じている。なぜなら、アンファンタンのうちに透視の才があることは間違いでないとしても、同時にサン゠シモンにも、さらに微弱ながら、オランド・ロドリーグ、ミシェル・シュヴァリエ、ジャン・レイノーにも存在していると思えるからである。それはサン゠シモン主義者が思考を支え、そしてその希望を未来と、彼らに与えられたその秘密に分け入ることのできる黄金時代に導いていったからなのか。教理自ら予見の神秘的な力を持っていたからか。教理がそれを探し求めたことは確かである。サン゠シモンも、初めから、過去の考察を通じて未来の法則を取り出そうと必死に努めていた。

十字を形づくる弟子のうち七名と共に、『新しき書』を執筆していたメニルモンタンでの熱き夜、アンファンタンは近代の科学思考で驚異的な役割を果たしている確率論に助けを求めながら、初めてこの未来の探求方法をはっきりこう述べている。

「思考の鋭鋒をよじ登ることが肝要であり、また人間精神に課せられた最大の問題に取り組むにあたり、それが今日被った変化のうちに新たな信条《ドグマ》の前兆を、そしてこの変化が生じさせた論理公式のうちに、精神がその最高の力にまで到達するために用いなくてはならない新しい手段の手がかりを見つけることが肝要である。

その問題、それは確実性の問題である。こうして、確率論が誕生したのである。それは人間的合理主義の最新の努力の結果である。この学問は古い神学を新しい神学と結びつけ、そして現在の知者たちに進歩の寺院、新しい宗教の道を指示してくれる哲学的な鎖である」

確率論を用いて、現在いくつかのアナログ電子機器が一定の未来を預言することが可能になっている。サン＝シモン主義の錬金術は機械を凌駕し、このセクトのメンバーの何人かに「一粒の砂粒のなかに宇宙を、時間のなかに永遠を見る」(3) 偉大な秘儀伝授者たちに追いつくことを可能にしたのだろうか。

人間には二つの顔があるという平凡な諺がある。アンファンタンのような突飛で強烈な性格を備えた人間には、それが七つもあるのではないかと私は思った。行動の人、心優しい人、事業家、哲学者、神秘主義者、偶像崇拝者、見者という七つの顔である。この七つの顔を重ね合わせたうえで、アンファンタンの不可思議で不確かなイメージが透けて見えてくるだろう。

彼の人間像が歴史から滑り落ちてしまったのはおそらくそうした多様性ゆえであろう。その特徴を見極められなかったため、年代記作者らはこれに戯画のマスクをまとわせたのである。忘却があっという間にこれを飲み込んでしまった。しかし、我々の社会体制の構想のうちに、また我々の思考の世界に、時としてそうしたアンファンタン像が再登場してくることも事実である。

原注

第1章

（1）リベール『同時代人』。
（2）エコール・ポリテクニク図書館所蔵。

第2章

（1）シャルル・デュヴェリエ。
（2）アデール・モルラーヌ？
（3）娼婦ジョゼフィーヌ〔本書第3章三三一頁を参照〕。

第3章

（1）週刊誌、次いで月刊誌。

（2）アンファンタン『生産者』一八二六年五月。

（3）実際には、ロジュ・ド・クレルモンの手でこの騎士団が再編成されたのは一七〇五年頃である。《ネオ・タンプル》の最初の偉大な師は、デュック・ド・デュラス、フィリップ・ドルレアン公、デュック・ド・メーヌ、デュック・ド・ブルボン・コンデなどであったろう。だが、騎士団が再び大きな活動を取り戻すのは偉大な師ファブレ・パルパラ（一八〇三年）の選出をまってからのことである。その最初の壮大な集会は一八〇八年に挙行された儀式で、おそらくこの騎士団の一員であったボナパルトの参加のおかげで、一大隊全体がこれに捧げ銃を行なったことによって、それは一躍大きな脚光を浴びた。パルパラの死（一八三八年）後生じた深刻な思想的対立が騎士たちの分裂を招き、こうして騎士団は一八七〇年にすっかり消滅してしまった。

（4）一一五四年当時にギリシャ語で書かれた原稿。この原稿自体五世紀の原稿の写本である。

（5）この手紙は『アトランティス』誌の一九三九年七月二一日号に発表された。

（6）ジャン・レイノーの兄レオンスは、エチエンヌ・アラゴが理工科学校内に《青の集会《ヴァント・ブルー》》を設立したカルボナリ運動の集会《ヴァント》のメンバーだという理由で、一八二二年に理工科学校を追放された。

（7）実際には、バザールは三七歳、アンファンタンは三二歳であった。

第4章

(1) この章の引用はすべて一八三一年の『地球《グローブ》』に発表されたアンファンタンの論文から借用した。

第5章

(1) 『あるサン＝シモン主義説教師の回想録』。

(2) 続いてタラボ、デュジエ、セシル・フルネル、モアール、ブファールが評議会に呼ばれた。

(3) クレール・バザール、ロドリーグ、マルジュラン、バロー、ミシェル・シュヴァリエ、フルネル、ジュール・ルシュヴァリエ、セシル・フルネル、デュヴェリエ、カルノー、デュジエ、タラボ、ローラン、デシュタル、トランソン、カゾー。

(4) 他の多くの領域と同様この領域でも、アンファンタンは同時代をよぎった思潮の傾向を認識し、かつ表現した。女性の解放はこの一九世紀前半に芽生え、曖昧模糊としたかたちで発展していった観念である。フルネルとアンファンタンはその最も著名な擁護者であったが、同時にまたガノーとアベ・シャテルの名も挙げておかなくてはならない。

彫刻家ガノーはエヴァディスムという名の宗派を設立したが、その寺院はイル・サン・ルイにある彼の作業場だった。彼は、女性は男性よりも優れた存在であり、それゆえ全的自由を享受しなくてはならないと教えた。この教団は一八四〇年から一八四八年までのほんのわずかの期間しか存在しなかった。だが彼は、パリの大司教が彼に対して行なった告訴の結果、裁判を受けなければならないほどの著名人となった。

《フランスカトリック教》（Eglise Catholique Française）の創設者アベ・シャテルは、一八四八年、女性サン＝シモン主義者ユージェニー・ニボワイエの手で設立されたクラブで、女性解放と離婚の承認を求める運動を展開した。

（5）この死は一八三二年一〇月裁判にかけられた。本件はサン＝シモン主義者への免訴で幕を閉じた。

（6）アルスナル図書館所蔵。

（7）この訴因は続いて保留に付され、そして控訴棄却となった。

第6章

（1）実際には、それは言い伝えだった。けれども、当時これは非常に広範囲に広く流布していたものだった。

（2）この所有地には、現在のメニルモンタン通りの上方に、一四五番地のついた屋敷の占めている建物の狭いファサードがあった。この屋敷の背後には、隣接する小公園から、通りに平行して一軒の長方形の建物を見渡すことができた。それこそ、サン＝シモン主義者たちのかつての屋敷の母屋である。それはいくつかの小家屋に分けられていた。

（3）モンブラン通り五番地の公証人バタルディ氏によって貼られたビラ。

（4）この息子アルチュールは一八二七年八月八日サン・マンデに生まれた。彼はアンファンタンとオルスタインの二人の証人立ち会いのもと、姓は母の姓を、名はリフェ（アデール・モルラーヌの娘の名）で出生届が出された。

（5）使徒についていえば、刺繍されていたのは彼らの名前だった。

（6）当局の許可なく、二〇人以上の人間の集会を禁ずる法律。

第7章

（1）ピエール・ジェローは『パリの新宗教』でこのように書いている。「女性的原理が神の備える男性的性格に対応すべき感情は、それがいかに漠たるものであるにせよ、宗教史のさまざまな時期に、次のように実に多様な女性的信仰となってはっきりと示されているほど普遍的なものになっている。女メシアの概念をそなえたネオ・エッセネ派、普遍的母たる助け主像をともなった助け主派《パラクレティスト》、聖霊ノートル・ダムをいただくグノーシス派などがその証拠である」。

小アジアの旧エッセネ派の継承者たらんと欲したネオ・エッセネ派の人びとは、《絶対的な永遠、人類の父にして母たる正義の神》を崇拝した。彼らはキリストとジャンヌ・ダルクという二人のメシアの存在を認めた。

（2）人類の完成は女性によって成し遂げられるであろうという信仰は、男性と女性という神の二重の真髄と同じくらい広く行き渡っていた。さらにまた、マズダ教徒は「人類の救済は女性から生まれてくるだろう」という考えを主張した。なおこれと同様の信仰は錬金術師の長、偉人バジル・バレンティン修道士によっても——不確かではあるが——想起された。「彼女（ヴィーナス）はカルディア語で、（太陽の）解放のため、ウルカヌス〔火の神、ギリシャのヘパイストスに相当〕を弁護してやろうと仲介に入り……、そして彼に女（性）による将来の清算を思い起こさせてやった」『古代の賢者でも偉大な人物ピエールについて』（ユージェーヌ・コンセリエ訳）。

第8章

（1）デュヴェリエはアンファンタン、シュヴァリエと同じ刑を宣告されたが、彼の投獄について言及している資料は一つも残されてはいない。

第9章

（1）パシャはシリアの鉱山の指導管理をフルネルにまかせていた。だが、この鉱山技師の求めた途方もないほど巨額な金銭的要求のため、事業の契約を結ぶことができなかった。

（2）テルセンの興味深い冒険事が成されたのはこの時期のことである。彼はボルドーの当局に対して、受刑者たちの指導教化にあたるため、自分を監獄に収監してくれるように求めた。その要求が退けられたため、彼はウエストを一本の紐できっちりと締めあげたチュニックを着、首の周りには鎖と首かせをかけ、胸の上には「民は苦しんでいる」という言葉を記したプレートをのせ、頭には毛皮の帽子を被りという奇妙な衣装を身に纏ってキャンペーン活動を展開し始めた。村人から歓迎されなかったため、彼はカルボナリ党員に混じっていっときを過ごしたピレネー山脈やアンドール〔フランスとスペインの国境、ピレネー山脈東部の小国〕の森林地帯に逃げ込まざるをえなかった。次に、八〇〇人分もの食卓用具の備わった宴会が彼のためにしつらえられたため、はかなくもいっときの勝利を味わったペルピニャンにたどり着いた。しかし、その数日後逮捕され、県外追放の身となってしまった。

第10章

(1) 彼女の息子。

(2) アデール・モルラーヌは一八三〇年、年若い我が娘を嫁がせ(一八三〇年八月八日付けアンファンタン宛てアデールの手紙)、こうしてこの日を境に、彼女はすべてをなげうって息子の教育にあたった。

第13章

(1) 一八四八年、彼は一株が年利三パーセントの国債証券に取り替えられるということで、鉄道の国有化を提案した。また、彼がこうした鉄道で輝かしい地位を占めていたことを忘れないでおこう。

(2) オランド・ロドリーグの兄。

第15章

(1) 一八三四年、教父の一人の女礼賛者の手により、少部数で出版された。

(2) ジェニ・リシャール司令官はアンファンタンの理工科学校時代の旧友だった。

(3)「親愛なる博士、あなたがどうあがいても無駄で、いったん私の顔色を読んでしまったら、私はあなたの体のあらゆる分子の中に入り込んでいってしまいますよ。……それによってすべての分子は修正されるでしょう。私の生は、この紙上につけたこれらの小さな黒いシミを用いて、あなたの中に戻っていくでしょう……」(ゲパン博士への手紙、『人間の科学』)。

(4) リシャール司令官への書簡(『永遠の生』)。

(5) リシャール司令官への書簡(『永遠の生』)。

(6) デュヴェリエへの手紙(『人間の科学』)。

(7) ゲパン博士への手紙(『人間の科学』)。

(8) ゲパン博士の手紙(『人間の科学』)。

(9) ゲパン博士の手紙(『人間の科学』)。

(10) アイン・モルハ、ラ・メブジャ、カレザス、ブー・アムラ、モクタ・エル・アディディなどの鉄鉱山やムザイア銅鉱山。

(11) マルセル・エメリ『アルジェリアにおけるサン＝シモン主義者』。エメリはさらに付け加えている。「けれども、サン＝シモン主義者はヘーゲルの哲学は知っていなかったようだ」。

(12) ジョルジュ・ルフラン『現代ヨーロッパ社会学説史』。

(13) ピエール・ジャン・ジョルジュ・カバニス〔一七五七〜一八〇八〕、医師で哲学者。カバニスの数多くの著作のなかでも、アンファンタンの創作欲を刺激し、彼の手で注釈の付けられた作品は一八〇二年に出版された『人間の肉体と精神の相関関係』である。

（14）リシャール司令官への書簡（『永遠の生』）。

第16章

（1）はっきり言って、ユージェニー・ギヨームがアンファンタンの愛人だったという証拠などどこにもない。けれども、誰もが一致して彼女が愛人だということを認めており、したがって、その噂だけがかろうじてアンファンタンの父性の仮説をもっともらしく見せているものだった。

第17章

（1）「視線のなかにはある種の発散物、生命の発散物……があると私は信じている」（『人間の科学』）。

（2）サン＝シモン主義経済学説のこの公式化はジョルジュ・ルフラン『現代ヨーロッパ社会学説史』から借用した。それらの構想はすでにサン＝シモンのなかに存在しているが、アンファンタンはそうした構想の帰結のすべてをさらに詳しく説明し、とりわけそれらを広く世に普及させた。

（3）ルイ・ポーヴェル、ジャック・ベルジエ『魔術師の朝』から引用されたブレイクの文章。

訳者あとがき

本書は、Jean-Pierre Alem, *ENFANTIN, le Prophète aux Sept Visages*, Jean Jacques Pauvert, 1963（ジャン＝ピエール・アレム『アンファンタン――七つの顔を持つ預言者』一九六三年、ポーヴェール社）は、一九世紀前半突如パリに出現し、多くのパリ人（主に青年男・女）の心を捉え、社会に一大旋風を巻き起こしたサン＝シモン主義運動の指導者アンファンタンの波乱万丈の生涯を綴ったものである。

アンファンタンとサン＝シモン主義者の始祖であるサン＝シモンについては、ある種奇矯の経済学者、社会思想家、哲学者、新興宗教家などさまざまな名称が冠せられ、長い間歴史の片隅に追いやられ、近代的な社会思想家としての正当な評価を受けるまでにはかなりの時間を要した人物であった。

一九世紀のフランス社会にあって、同時代人たちはサン＝シモンがパリの街頭で呼びかけた提言に対して真面目に耳を傾ける人などまったくと言っていいほどいなかった。大革命で獲得した自由・平等のスローガンを反故にし、ひたすら戦争に明け暮れるナポレオン帝政時代を経て、時代に逆行する政策が次々と採られ、まるで封建制度が復活したかのような王政復古時代に、サン゠シモンが唱えた斬新な社会変革思想はあまりに時代を飛び越えた考えだったというのが真実かもしれない。

思想家には一年先、あるいは五年先の未来を見通すことのできる人はいるかもしれない。だが、五〇年、一〇〇年先を見通すものとなれば、ほんのごく少数だろう。ましてや、それから二〇〇年も経った二一世紀の今日の社会を予告することなど神業にもちかいといえる。

だがサン゠シモンとその直近の弟子アンファンタンが成し遂げた業績の数々を知れば、そうした予言に十分応えていることがわかるだろう。

今日、資本主義社会、社会主義社会など体制の別を問わず、労働者、政治家、教員など評価の基準をどこに置いているかと問われたとき、学閥、出自、親族、友人……などと関係なく、「その持つ能力に応じて」評価し、また「成した仕事に応じて」報酬をというサン゠シモンの提起した明快で率直な公式を十全に適用している企業や大学や役所などきわめて少数だろう。

訳者の教員生活でも、正当な能力の評価を受けずに、学閥や縁故などを基にして選ばれたものも数多く、至るところから怨嗟の声が聞こえてきたことをよく覚えている。

サン゠シモンは無能な王族や舞い戻った旧貴族連の支配する復古王政に幻滅し、能力に基づいて選ばれた知識人の手による活力あふれるダイナミックな社会に変えたいと切望したが、その願望は叶えられるはずもなく、絶望のあまり自死を試みるまでに至った。

サン＝シモンを筆頭にその直弟子であるアンファンタンとサン＝シモン主義者たちは時代の無理解を跳ね返し、エネルギッシュに自己主張を続け、今日みられるような社会の骨格の重要性を真っ先に見抜いた人たちであった。

男女同権論や夫婦の自由な恋愛論を展開し、暴力（軍隊）の無益性を説き、アルジェリアにおける理想的な植民地政策を志向したこと、国家発展の基盤に産業を置き、それを支える知識人の重要性を認め、また一切の情実を廃止し、人材評価の基準を「各人にはその持つ能力に応じて評価し、成した働きに応じて報酬を」という現在の社会にも十分に耐えうる（それが言葉通りに運用されていればの話であるが）人材の適材適所論を展開し、今日みられる「人材銀行」の創設を構想したことなどは、真の意味での革命的な社会組成論者、政治家だったといえる。それは取りも直さず王政復古によって成立した古臭い封建的体質、舞い戻った無能な貴族たちが政治社会の中枢を占める王政復古への苛立ちと強い怒りの裏返しでもあった。

サン＝シモンの志を受け継いだアンファンタンとサン＝シモン主義者の唱える国家および産業社会発展の骨格は、姻戚関係や情実で成り立つ貴族社会を打倒し、真に有能な知識人を登用し、同時にその成し遂げた働きに応じて報酬を与えようとするものであった。無駄飯を食み、情実や賄賂の多寡で事を運ぶ貴族にとり、たとえその構成員が少数であっても、血気盛んで優秀や青年層がそこに加わっているならば、彼らにとって行く手を阻む危険極まりない集団とみなして当然だった。

いつの時代であれ、時の政権が最も恐れるのは、ある思想・行動を信奉する思想集団の信者の多寡ではない。横溢する欺瞞を抉り出し、支配者が胡坐をかいている伝統的思考や黴臭い哲学や宗教に終止符を打ち、若者の心をしっかり捉え、行動へと促す斬新な思想こそ支配者の最も恐れるものである。王政復古時代から七月王政期に登場した青年知識人であるプロスペル・アンファンタンをはじめとするオランド・ロドリーグやレオン・アレヴィ、オーギュスト・コント、サン＝タマン・バザール、ミシェル・シュヴァリエなど優れた青年知識人こそまさにそうした人たちであった。彼らはみな現状に不満を覚える理工科学校などの青年知識人の面々であり、彼らは師サン＝シモン亡き後、雑誌『生産者』を発刊し、これを足場にサン＝シモンの説いた新思想のプロパガンダを開始していった。これがいわゆるサン＝シモン学派、サン＝シモン教徒、サン＝シモン教団と呼ばれる人たちだった。

こうした仲間たちのなかでも、すぐさま頭角を現したのが理工科学校出身（奨学金が得られなかったため、中途退学せざるを得なかったが、父によるこの奨学金申請書の不受理の件については、本書で詳細に述べられている）のプロスペル・アンファンタンだった。彼はサン＝シモン教団の指導者になり、その強烈な個性と魅惑的なカリスマ性は六六歳で斃れるまで変わることはなかった。その理由を『サン＝シモン主義の歴史』を著したセバスティアン・シャルレティはこう記している。

「彼はずばぬけた頭のよさと広い知識によって、たちまちこの組織のなかで重要な地位を占めるようになった。彼はまた、教理に対する献身、陽気で、人が良く、高邁な人柄、生まれながらの美貌のために、すぐに仲間から愛された。背が高く、美青年で、人を魅するような堂々たる優雅さを持ち合わせていたのだ」

会えばすぐさま他人を惹きつける不思議な人間的魅力、その知力と美貌、他人を虜にする独得な視線は、アンファンタンの生まれながらに備えた特質だった。

アンファンタンは復古王政から七月王政時代の息苦しい時代閉塞の状況を突破し、しだいに社会の水面に浮上し、なかでもとくに大都市パリの青年知識人層の心をしっかりと摑んでいった。

彼は母から譲り受けたパリのメニルモンタンの屋敷を拠点にして、若者たちと共同生活を始め、対手の助力なしには着られない背中にボタンのついた洋服から、男が洗濯し洋服を縫い、女が学問したり煙突掃除をし、さらに男女共同で食事の用意をし、また庭に出て一緒に師サン＝シモンを讃える賛歌を歌ったりした。

こうした野心的で破天荒な試みに興味を覚えたパリの野次馬連中は、怖いもの見たさに、メニルモンタンで展開するサン＝シモン主義者の活動に参加し、自分たちとはあまりに異なる彼らの日常生活にびっくり仰天して腰を抜かす人たちがいるかと思えば、その革新的な共同体の運動にすっかり共鳴し、家族を放り出して運動にはまり込んでいくものもいた。

当初は物珍しさもあってか一般民衆の参加は数えるほどだったが、時が経つうちにその教説はしだいに先鋭化し、信徒の数も増加していった。彼らの教理のなかでも、何よりも時の政府の逆鱗に触れたのは、そこに含まれる性的自由の容認であった。

サン＝シモン主義者を支えたもう一人の巨頭であるバザールは、そんな自由を認めれば、生まれてくる子供が誰の子かわからなくなってしまうという理由から、アンファンタンの考えに強硬に反対した。この主張が認められなかったため、バザールは失意のうちに夫婦共々そろって運動から離脱してしまった。

だが、本書にもあるように、伝統的な性的モラル（良俗）を否定し、自由意志に基づく夫婦の実践は、仲間内よりもむしろ、支配当局をびっくり仰天させた。こうして、社会の根幹を揺るがす風俗紊乱罪を理由に、アンファンタンと主要メンバーはサント＝ペラジーに投獄されてしまった。とはいえ、入獄中も教祖アンファンタンへの信者、とりわけ女性信者の傾倒ぶりは尋常ではなく、彼の愛好する香水や嗅ぎ煙草、七面鳥など、求めるまま何でも獄中の彼に届けてやろうとする女性が列をなしたほどであったといわれている。この一事をもってしても、いかに彼が他者を、とくに女性を虜にする魔力を秘めた人であったかが推量される。

約一年半後に釈放されるや、彼はそれまで唱えていた主張を放棄しないまでも、いささか方向転換し、今度は「自らと対となり、一緒に新しい世界をつくるべき女性」がオリエントにいるにちがいないと信じ、多数の弟子を引き連れてナイル川上流に向かい「教母」あるいは「至高母」の探索の旅に出発していった。だが夢物語に出てくるようなそうした女性が見つかるはずはなく、現地で暮らしていたフランス人夫婦の若妻を、夫の承諾のもとに愛人にするというくらいが関の山であった。

しかし、彼の予見能力はこんな俗事で終わるはずはなかった。以後彼は今日からみても一大イベントともいえるスエズ運河（残念ながら、この企画はレセップスに横取りされてしまったが）やナイル川ダムの構想を発表し、帰国するや誰よりも早く鉄道建設の重要性を見抜き、フランス国有鉄道総裁の職に就き、パリ〜リヨン間の鉄道敷設に邁進していった。さらにまた、はるか後に実現する「イスラエル国家」建国の必要性までをも訴えたりした。

こうしてみれば、アンファンタンは現実離れのした突飛な夢想家などではなく、したたかな構想と計算に基づいた現実論者であったというのが的確だといえる。現代社会で浮上しているフェミニズムやジェンダーの問題についても、パリ人がこの集団に投げつけた「メニルモンタンにおける逆転する男女の労働図」が一つの回答を出しているのではないだろうか。

最後に本書の編集、出版、とりわけ人名索引の作成にあたっては、法政大学出版局の赤羽健様のひと方ならぬご助力をいただいたことに謝意を表しておきたい。

小杉隆芳

二〇二一年一一月

人名索引

＊本書に登場する主要な人物を抜き出し作成した。
＊サン゠シモン主義に関係する人物については，セバスティアン・シャルレティ『サン゠シモン主義の歴史』（沢崎浩平・小杉隆芳訳，1986 年）所収の「人名解説」を参照。

ア行

カ行

サ行

タ行

ナ行

ハ行

マ行

ヤ行

ラ行

《叢書・ウニベルシタス　1141》
アンファンタン
七つの顔を持つ預言者

2021年12月28日　初版第1刷発行

ジャン＝ピエール・アレム
小杉隆芳 訳
発行所　一般財団法人　法政大学出版局
〒102-0071 東京都千代田区富士見 2-17-1
電話 03(5214)5540 振替 00160-6-95814
組版：HUP　印刷：平文社　製本：積信堂

Printed in Japan

ISBN978-4-588-01141-2

著 者

ジャン＝ピエール・アレム（Jean-Pierre Alem）

1912年ナンシーで生まれ，1995年パリで死去。理工科学校（エコール・ポリテクニク）卒業。本名ジャン＝ピエール・ジョルジュ・アルフォンス・カロ。筆名ジャン＝ピエール・アレム。推理小説家でありエッセイスト。1967年推理小説大賞を受賞。第2次大戦中，フランス国家秘密諜報局で重要な任務に就き，戦争末期からはスパイ活動に関する学識豊かなエッセイを数多く世に出した。またこれと並行して，ジャン＝ピエール・アレムの筆名でポリテクニシアンやサン＝シモン主義の冒険譚を発表し，さらに1963年，こうしてその集大成ともいうべき本書『アンファンタン——七つの顔を持つ預言者』を出版した。

訳 者

小杉隆芳（こすぎ・たかよし）

1943年生まれ。東京都立大学大学院博士課程単位取得満期退学。豊橋技術科学大学名誉教授。おもな訳書にS.シャルレティ『サン＝シモン主義の歴史』(共訳)，フロラ・トリスタン『ロンドン散策』(共訳)，フロラ・トリスタン『ペルー旅行記』，パラン＝デュシャトレ『十九世紀パリの売春』，ゲルハルト・レオ『なぜ彼女は革命家になったのか』(以上いずれも法政大学出版局）などがある。